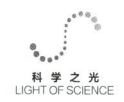

科学之光
LIGHT OF SCIENCE

世 界 因 他 们 而 改 变

爱因斯坦评传

[德]约翰内斯·维克特◎著
廖峻◎译

中国科学技术出版社
·北 京·

图书在版编目（CIP）数据

爱因斯坦评传 /（德）约翰内斯·维克特著；廖峻译. -- 北京：中国科学技术出版社，2024.1

（世界因他们而改变）

书名原文：Albert Einstein

ISBN 978-7-5236-0377-2

Ⅰ. ①爱… Ⅱ. ①约… ②廖… Ⅲ. ①爱因斯坦（Einstein, Albert 1879-1955）- 评传 Ⅳ. ① K837.126.11

中国国家版本馆 CIP 数据核字（2023）第 226436 号

Original Title: Albert Einstein

Copyright © 1972, 2005 by Rowohlt Verlag GmbH, Reinbek bei Hamburg // Copyright für alle Original–Zitate aus Einsteins Feder: © Hebräische Universität in Jerusalem (www.albert-einstein.org)

Simplified Chinese language edition arranged through Beijing Star Media Co. Ltd., China.

北京市版权局著作权合同登记　图字：01-2023-5349

总 策 划	秦德继
策划编辑	周少敏　郭秋霞　崔家岭
责任编辑	关东东　崔家岭
装帧设计	中文天地
封面设计	锋尚设计
责任校对	焦　宁
责任印制	马宇晨

出　　版	中国科学技术出版社
发　　行	中国科学技术出版社有限公司发行部
地　　址	北京市海淀区中关村南大街16号
邮　　编	100081
发行电话	010-62173865
传　　真	010-62173081
网　　址	http://www.cspbooks.com.cn

开　　本	787mm×1092mm　1/32
字　　数	130千字
印　　张	9.375
版　　次	2024年1月第1版
印　　次	2024年1月第1次印刷
印　　刷	北京长宁印刷有限公司
书　　号	ISBN 978-7-5236-0377-2 / K・372
定　　价	68.00元

（凡购买本社图书，如有缺页、倒页、脱页者，本社发行部负责调换）

目 录

第1章	早年时光 /001
第2章	多面人生 /028
第3章	物理学家之路 /049
第4章	狭义相对论 /073
第5章	量子之谜 /097
第6章	大学教授 /109
第7章	广义相对论 /135
第8章	柏林生活 /149
第9章	美国时光 /171

| 第 10 章 | 统一场论 /197 |

| 第 11 章 | 人类未来 /206 |

| 第 12 章 | 新型文化 /229 |

人物述评 /245

时间年表 /252

注释 /260

参考文献 /275

图片来源 /288

作者简介 /290

译后记 /291

第 1 章

早年时光

对于"整整一代人……和整个历史进程而言,"阿尔伯特·爱因斯坦(Albert Einstein)在评价居里夫人(Marie Curie)时写道,"领袖人物的道德品质……可能比纯粹的智力成就更为重要。"他接着又说:"这在更大程度上取决于人物的个性是否伟大,其关联度比人们通常所认为的还要紧密得多。"[1] 在下面的章节中,我们将看到爱

阿尔伯特·爱因斯坦

因斯坦本人的个性及人格如何发展并走向成熟，以及他取得了哪些智力成就，并将所有的这一切联系起来进行考察。爱因斯坦逝世已达半个多世纪，我们得以用一种更为宏观的视角去回顾他那独特的精神形象，以及他在物理学历史上所创造的革命性篇章。

童年和青年时期

如果我们大致浏览一下描述爱因斯坦成长经历的传记文献，就会得到一个印象，爱因斯坦的童年和青年时期是幸福快乐的，但也并非一帆风顺。在家庭中，他能得到安全感，获得启迪和鼓励，并没有被"过多管教"[2]（对管教过甚的后果他曾发出警告）。然而，他的成长却磕磕绊绊，因为他从童年起就被看作是个"独行侠"[3]，他总是一个人独来独往。但也正是因为过早就显露出这样的个性，他在青少年时期的独立性和独立思考能力得以不断增强。局外人会感到逆风难行，但是"上帝创造了驴，同时给了它一张厚厚的皮"[4]。

"爸爸和妈妈是那种随遇而安、淡泊平静的人,全身上下加在一起都不如我的小手指那么固执。"[5]也许父母身上没有儿子的那种执拗劲儿,但他们不乏在德国南部施瓦本地区过上优渥小市民生活的美好心愿。父亲赫尔曼·爱因斯坦(Hermann Einstein)出生在费德湖畔的巴特布豪(Buchau am Federsee),他的特点是"心地善良,来者不拒,从不让别人失望而归"[6]。他的经商技能并不总是能够保证成功获利,但他还是让家人过上了衣食无忧的日子。他的祖先是有信仰犹太教的施瓦本工

父亲赫尔曼·爱因斯坦　　母亲保利娜·爱因斯坦

位于乌尔姆火车站大街上的爱因斯坦出生地

匠。母亲保利娜（Pauline Einstein）的娘家姓科赫（Koch），其父母和祖父母都是宫廷供应商。爱因斯坦的母亲据说是一位能干的家庭主妇，她热爱音乐，擅长做复杂而耗时的手工活。然而，她并没有得到什么机会去发展自己这方面的能力。[7]这对夫妇在巴特坎施塔特（Bad Cannstadt）结婚。两年后，即1878年，这对夫妇的名字出现在乌尔姆（Ulm）的居民登记簿上。赫尔曼·爱因斯坦和两个堂兄弟在明斯特广场南开了一家鸭绒床上用品商店。爱因斯坦一家在火车站大街上找了一套公寓居住下来。1879年3月14日，他们的儿子阿尔伯特就出生在这里。

数十年后，乌尔姆的市民们终于想起来爱因斯坦曾在此处出生。经过向图宾根大学咨询求证，得到回复说爱因斯坦确实是一位正经的研究者之后，他们这才将"乌尔姆人都是天生的数学家"这句俗语同这位此时已闻名遐迩的本地名人联系了起来。1922年，这座城市西部的一条街道被冠以"爱因斯坦"之名，但到了1933年有关当局就反悔了，又以非犹太思想家约翰·戈特利布·费希特（Johann Gottlieb Fichte）的名字取而代之。"这个关于街道名称的滑稽故事……可算是把我逗得乐不可支……我认为，他们还不如取一个类似'风向标街'这样中性的名称呢,那样才更符合德国人的本性,也不必随着时代风向的改变而把名称换来换去。"[8]

1880年,爱因斯坦一家搬到了慕尼黑。父亲的弟弟雅各布(Jakob)是一个充满奇思妙想的工程师。赫尔曼与他一起创立了一家电气公司。兄弟俩花了14年的时间来经营他们的公司。他们取得了成功:当时一度有200名员工为他们设计和建造现代电器和照明系统,并将其安装在巴伐利亚的大型节日活动现场。在今天的阿德尔兹瑞特大街14号,包括外祖父在内的整个爱因斯坦家族都住在公司地块上一栋美丽的别墅之中,四周环抱的是风景宜人的"英国花园"①。阿尔伯特与比他小两岁的妹妹玛雅经常在那里游玩。到了星期天,一家人就外出郊游。爱因斯坦的家庭中洋溢着自由的精神,父母的婚姻和谐美满。

但当慕尼黑市在19世纪90年代初举行综合电

---

① "英国花园"是慕尼黑城中的著名景点,是欧洲面积最大的城市公园之一。(页下注为译者注,后同)

力路灯项目招标时，爱因斯坦公司却出人意料地没有中标。这桩大合同被一家更有根基，报价也更便宜的纽伦堡公司所获得。"爱因斯坦家族再也没能从这一打击中恢复过来。"[9] 出于失望，他们开始着手准备搬迁到意大利北部去。

1885 年，阿尔伯特在慕尼黑开始上小学。在天主教的圣彼得斯学校，他第一次遇到了几个只会在课堂上挥舞藤条、严厉呵斥的"粗暴教官"[10]。爱因斯坦被吓得不轻，然而他还是成了班上成绩最好的学生。这一时期发生了一件让这个小学生特别震惊的一件事：一天，宗教课的教师给学生们看一颗长钉子，并且向他们解释说，犹太人正是用这样的钉子把基督钉在了十字架上。每个人都盯着班上那个唯一的犹太孩子——爱因斯坦，随后他就在回家的路上被殴打了一顿。在爱因斯坦的生活中，反犹主义经常对他施以暴力。在纳粹时代，他被认为是一个"特别犹太化的犹太人"，他想用"堕落的科学造成德国人民的内部崩溃"。[11] 在小学里所遭受的严重羞辱是否唤醒了他心中的某种宗教倾向呢？无论如何，爱因斯坦在这些年里确乎形成了一种近乎虔诚的观点，后来他在高中所上的《以色列宗教教义》课程则进一步使之强化。他自愿服从严格的戒律。然而，他年轻时对上帝的追求从来都不算是正统的。

5 岁的阿尔伯特和他 3 岁的妹妹玛雅，拍摄于 1884 年

"作为一个孩子，我既学习《圣经》，也学习《犹太法典》。我是犹太人，但是我却被拿撒勒人的光辉形象迷住了。"[12] 这个 12 岁的孩子"心灵的逻辑"（布莱士·帕斯卡①）与他的思想发生了冲突：他转而研究自然科学文献。结果，"一种近乎狂热的自由精神"[13] 在他的意识中发挥了作用，这进一步强化了他始于童年中期的生活准则——思考。"艰苦的精神工作"和"对上帝本质的凝视"成了他的守护天

---

① 布莱士·帕斯卡（Blaise Pascal，1623—1662 年），17 世纪法国数学家、物理学家、哲学家和散文家。

使,将引导他平安地度过"这一生所有的动荡"[14]。

从 1889 年到 1894 年,爱因斯坦在慕尼黑的路易波尔德文理中学度过了 6 年时光。在这里,他再次成为一个与周遭环境格格不入的人,人们嘲笑他是一个"毕德迈"①式的怪人,即使作为学生的他成绩优异。成绩单显示,他的数学及自然科学类的科目成绩为"优秀",拉丁语的成绩也是"优秀",希腊语的成绩为"良好"。但是在这里所采取的恐吓、暴力和人为树立权威的教育方法让这名学生在学校里感受不到任何乐趣。"从事研究所必需的喜悦之情、神圣的好奇心被扼杀了,因为要让这些娇小的植物成长起来,除了有一定的刺激以外,主要还是需要给它们以自由。"爱因斯坦认为,如果有人以为可以用胁迫和培养责任感的方式去获得观察和探寻的快乐,这是大错特错。"我认为,如果用鞭子逼着一只本来没有饥饿感的猛兽连续进食,特别是在这种胁迫状态下还对供应的食物进行选择性限制,那

---

① 毕德迈(Biedermeier)是德意志联邦诸国 1815—1848 年的历史时期,这一时期中产阶级文化艺术兴起。此处借指庸俗、保守、带有滑稽形象的小市民阶层。

么再健康的猛兽也会失去胃口，不再贪婪。"[15]这是一条富有启发和教育意义的认识，同时也昭示了他自己独特而充满青少年气质的认知道路：刺激和自由。在解决家族电器生意的过程中，爱因斯坦就找到了这两者。有一次，他随口就提供了一个电气问题的解决方案，这使雅各布叔叔激动不已："我侄子真是太了不起了。我和我的助理工程师绞尽脑汁好几天都没有解决的问题，这个年轻人只花了不到一刻钟的时间就全部搞定了。他以后一定会大有出息。"[16]在家里，阿尔伯特自学了算术和几何，他勤奋学习，完成了雅各布叔叔布置的作业。他独立学习，打下了微积分数学的基础，数年前他就沉浸于证明毕达哥拉斯定理，并对欧几里得的数学产生了强烈的兴趣。后来，一位波兰医学生马克斯·塔尔梅（Max Talmey）来到爱因斯坦家里（当时犹太家庭会为衣食无着的大学生们提供免费餐食），好学的阿尔伯特从他那里得到了许多书籍，他们对书中的内容展开阅读讨论，由此激发了这个男孩的创新思维。大学生房客向他推荐了约翰·弗里德里希·赫尔巴特（Johann Friedrich Herbart）的《哲学导论教程》，伊曼努尔·康德（Immanuel Kant）的《纯粹理性批判》，特奥多尔·斯皮克（Theodor Spieker）的《平面几何教程》和路德维希·毕希纳（Ludwig Büchner）的自然科学专业书籍《力与物质》。

阿尔伯特得到了家人的温暖、支持和认可。而在1894年夏天，当爱因斯坦一家移居意大利时，他再一次必须靠着那张"厚厚的皮"来保护自己了。他的家人先是来到帕维亚，然后去往米兰，阿尔伯特则留在慕尼黑，住在远房亲戚家。他原本应该从路易波尔德文理中学高中毕业，然而，发生的一件事将他的人生引向了另一个方向。慕尼黑当时是一个"反犹主义的蜂巢"[17]，阿尔伯特的班主任教希腊语、拉丁语、德语和历史，他在圣诞节前不久把这个15岁的孩子叫到谈话室里大骂了一顿，让他滚出学校。惊恐的阿尔伯特回答说，自己并没有犯任何过错呀，而这位老师则声称，阿尔伯特还出现在班上这件事本身就是对他的大不敬。阿尔伯特·爱因斯坦对学校感到厌恶无比，他坐上去米兰的火车，离开了慕尼黑。

对于他的到来,他的妹妹最为开心。她注意到,这个性格安静、耽于幻想的男孩已经成长为一个善于交际、到处都很受欢迎的年轻人。爱因斯坦在意大利度过了几乎整整一年的快乐时光,他热爱意大利的语言和文化。他四处漫游,开始深入思考起"以太"的问题。他写出了第一篇论文——《以太这种介质特有的物理性质是什么?》。"以太"真的如海因里希·赫兹(Heinrich Hertz)所声称的那样是真实存在吗,抑或仅仅是存在于想象之中?大约10年后,他在狭义相对论中回答了这些问题。

正在此时,他从父亲一位来自苏黎世的朋友处得知,在某些特殊情况下,没有高中毕业证也可以进入苏黎世联邦理工学院学习。

"带着一种有充分根据的不确定性,我报名参加了入学考试。"[18] 然而,新的希望很快就破灭了,这个16岁的少年没能通过考试。谁能想到,之后在34岁的时候他却成了这所学院的教授。他在现代语言学、动物学和植物学方面的成绩还没能达标。爱因斯坦又一次需要用"厚厚的皮"包裹住自己，决不放弃，从头再来。"对于我的失利，我觉得完全是理所当然……但令人欣慰的是，物理学家韦伯（H. F. Weber）让人给我带话，说如果我留在苏黎世的话，可以去听他的课。不过，校长阿尔宾·赫尔佐格（Albin Herzog）教授则建议我到阿劳州立中学（简称"阿劳"）去读书。"[19]

在1895—1896学年，爱因斯坦在那里上预科班，住在友善而思想开放的温特勒家。爱因斯坦后来很喜欢回忆他在阿劳的时光："我常常想起温特勒爸爸，想起他政治上的先见之明。"[20]也许爱因斯坦还会想起温特勒的那位美丽动人的女儿玛丽，他爱上了她。[21]然而，两人从未成为一对。几年后，爱因斯坦的妹妹玛雅嫁给了玛丽的哥哥保罗·温特勒（Paul Winteler）。

阿劳州立中学对年轻的爱因斯坦来说是一个惊喜。"这所学校给我留下了难忘的印象，它有着自由主义的精神，教师质朴的庄重并非依赖于外在树立的权威；与在德国文理中学所接受的6年专制教育相比，我敏锐地意识到自由行动和自我负责的教育会在多大程度上优于依赖操练、外部权威和虚荣心的教育。真正的民主绝不是空洞的幻想。"[22]在他用法语写的高中毕业论文《我对未来的计划》中，人们可以看到，他想成为一名高中物理老师，而他的数学和物理的毕业考试成绩也是"优秀"。

大学阶段

1896年10月，阿尔伯特·爱因斯坦完成入学注册，就读于苏黎世联邦综合技术学院①的数学与物理专业教师方向。在这里，他又一次需要借助自己那张"厚厚的皮"：作为主要授课教师的让·佩尔内（Jean Pernet）教授向爱因斯坦善意地指出，虽然他在学习上不乏勤奋和决心，但却缺乏才华。他认为爱因斯坦可能根本就没想到物理课程会有多难："你为什么不去学医学、法律或语言学呢？""因为我在那些方面

---

① 该校于1855年成立，德文名为"Die Eidgenössische Polytechnischen Hochschule Zürich"，简称"Polytechnikum"。1911年后名称改为"Die Eidgenössiche Technische Hochschule Zürich"并沿用至今，简写为"ETH"，译为苏黎世联邦理工学院。原文中存在两种名称混用的情况，是指同一所大学。

完全缺乏天赋,教授,"爱因斯坦回答道,"为什么我不能,或者至少去试试学一学物理呢?"[23]

爱因斯坦和他的教授们的关系相当紧张——爱因斯坦自己说,对于"像我这样一个四处漂泊、孤独怪僻的人"[24]来讲,这也并不稀奇。当时担任助理的约瑟夫·绍特(Joseph Sauter)博士就很清楚,这名大学生并不遵守指示行事,规定了任务解决步骤的方案会被他扔进废纸篓。有一次,爱因斯坦在一次爆炸中弄伤了自己的右手,佩尔内教授问他的助理:"你到底怎么看爱因斯坦?他总是不按我的要

苏黎世联邦综合技术学院,拍摄于 1900 年前后

求行事！"——"确实如此，教授，但是他的解决方案是正确的，他采用的方法总是很有趣。"[25]

电气工程讲师海因里希·弗里德里希·韦伯（Heinrich Friedrich Weber）也批评了这位年轻的物理学家："你是个聪明的小伙子，爱因斯坦，一个非常聪明的小伙子。但是你犯了一个大错：你听不进别人的话！"[26] 爱因斯坦与韦伯教授关系尤为紧张，他坚持称其为"韦伯先生"，这在当时肯定会被视为一种不敬之举。当爱因斯坦向他递交毕业论文时，韦伯教授认为他没有使用规定的试卷，"热传导"这一主题也并不太让韦伯教授感兴趣。在考试开始前3天，导师要求爱因斯坦按规定把论文重新誊抄一遍。

另一方面，后来对爱因斯坦相对论中的数学问题做出重大贡献的数学教授赫尔曼·闵可夫斯基（Hermann Minkowski）[27] 此时也并没有指望这位年轻的物理学家能取得任何重大成就。爱因斯坦的狭义相对论让他大吃一惊："因为爱因斯坦以前可是一个真正的懒鬼。他压根儿一点也不关心数学问题。"[28]

"我很快意识到，"爱因斯坦写道，"我不得不满足于成为一个平庸的大学生。要想成为好学生的话，一个人必须有一个轻松的心态，愿意把他的精力集中于所有摆在他面前的事情上；要热爱规则，用笔记录下上课时听到的内容，然后规规矩矩地解决问题。我充满遗憾地认识到，所有这些品质在我身上都是完全缺乏的，所以我逐渐学会了带着些许内疚的心理安安静静地生活，并以适合本人智识水平的胃口，满足本人兴趣的方式来安排我的学习。我怀着极大的兴趣听完了一些讲座。但除此之外，我经常逃学，在家里怀着神圣的热情去研究那些理论物理学的大师之作。这样做本身就是好事，而且也能有效地减轻我内心的负疚，让我的内心不那么轻易地失去平衡。"[29]

学位考试将在 1900 年春天举行。爱因斯坦不能指望会从教授们那里得到任何特别关照。由于他没有能够定期去上必修课，他的档案中留下了相应的记录。他手里没有这些课程的讲义，这时要感谢他的朋友马塞尔·格罗斯曼（Marcel Großmann）[30]向他伸出了援救之手。

他不仅上了所有为我们安排的课程，而且还以如此出色的方式整理出了课程笔记，以至于人们可以直接将其拿去印刷出版。为了帮我准备考试，他把这些笔记借给我，这对我来说意味着救命之恩。简直无法想象，如果没有这些笔记的话，我会怎么样。尽管有这些宝贵的帮助，尽管课程的内容本身相当有趣，要非常彻底地学习所有这些东西对我来说还是非常困难的。对于我这种喜欢沉思冥想的人来说，大学学习不一定都是有益的。被迫"吃"下这么多好东西，只会不停地破坏"食欲和胃口"，神圣的好奇心所发出的微光可能会永久熄灭。幸运的是，这种智力上的抑郁状态在我成功完成学业后只持续了一年。[31]

职业初期

爱因斯坦的毕业成绩很好，在 6 分制的评分体系中，他的平均得分为 4.91 分。他的同学格罗斯曼、科尔罗斯（Kollros）[32] 和埃拉特（Ehrat）[33] 在毕业后获得了苏黎世综合技术学院的助理职位，但爱因斯坦指望不上也有此机会。虽然他习惯了简朴的生活，但经济问题已浮出水面。在苏黎世的瑞士联邦天文台从事的评估工作让他的境地暂时得到改善。爱因斯坦与他的父母在米兰生活了几个月。直到他通过毕业考试一年之后的1901年5月，新的希望终于出现了。在温特图尔技术学院授课的数学教授必须去服兵役，正如爱因斯坦在一封写给苏黎世教授阿尔弗雷德·斯特恩（Alfred Stern）[34]的信中所言，他可以去接教授的课。对此我欣喜若狂，因为今天我收到消息，一切事情最后都安排好了。我不知道是哪位好心人把我推荐去了那里，因为据我所知，我从前的老师们没有谁会给我好的评语……但可以肯定的是，我从来没有遇见过像您这样的人，我不止一次带着悲伤或痛苦的心情去找您，在您那里我总是会收获快乐和内心的平和。但是为了让您现在不狠狠地笑话我，我必须马上补充一点，我很清楚自己是一个乖张怪僻的人，而一个人要是没有一幅被败坏的胃口或者类似的东西，就根本不知道什么叫多愁善感……在接下来的日子里，我将步行穿过施布吕根，好将这愉悦的职责与美好的享受结合在一起。[35]

爱因斯坦于1901年5月16日在温特图尔技术学院就职。他在那里担任助理教师直到1902年7月11日。由于他的职位是临时的，他随后在《瑞士教师报》上刊发了一则广告。沙夫豪森男童寄宿学校的校长雅各布·尼伊施（Jakob Nüesch）博士正在寻找一名助手。在他的阿劳州立中学的老同学康拉德·哈比希特（Conrad Habicht）[36]的推荐下，爱因斯坦获得聘用，并马上得到了校长家庭成员们的接受认可。他的任务是辅导一个年轻的英国人通过联邦高中毕业考试。"看上去教学双方的热情都很适度。"[37]尼伊施家族的分歧导致爱因斯坦最终还是离开了这座小城。"我们花钱雇的是助教，不是苏格拉底。"[38]

爱因斯坦认为自己是"一个任性但谦虚的年轻人"[39]，尽管内心相当独立，但不确定的外部局势让他仍然倍感压抑。无论如何，他在回忆这个时期时写道："作为朋友，马塞尔·格罗斯曼为我做的最伟大的事情是：大约在我完成学业一年后，在他父亲的帮助下，他把我推荐给了瑞士伯尔尼专利局的局长（弗里德里希·哈勒，Friedrich Haller），当时这家机构还叫知识产权局。经过全面的口试，哈勒先生雇佣了我。1902年到1909年是我最多产的时期，让我从生存危机中解脱出来……对我这种人来说，一个实用的职业简直就是一种福音。因为学术生涯通常会让年轻人处于一种困境，强迫他去写出一大堆科学论文——只有具有坚强个性的人才能抵抗住如此巨大的诱惑和浅薄。大多数实用的职业都能让才智平平的人也可以达到别人所期望的成就。普通人的生存并不依赖于某种特殊的灵感，如果他有更深的科学钻研兴趣，可以在完成自己的分内工作之外，沉浸在最喜欢的问题里。就算他的努力可能没有结果，他也不必忧虑。"[40]

职员爱因斯坦在伯尔尼度过了7年成果丰硕的岁月。他的年薪为3500法郎，1906年晋

任职于伯尔尼联邦知识产权专利局，拍摄于1902年

升后增至 4500 法郎。"唉，我该怎么花这么多钱啊？"[41]爱因斯坦曾这么问他的上司哈勒。

在此期间，阿尔伯特·爱因斯坦的生活状况发生了根本性的变化。1903 年 1 月 6 日，他与从前的女同学米列娃·马利奇（Mileva Marić）结婚，并同她在梯里尔大街租了一套公寓。

他当年温柔地称为"小心肝"[42]的米列娃女士于 1875 年出生在一个塞尔维亚职员及地主家庭，从小接受的是希腊东正教信仰。21 岁时，她决定离开祖国，到充满自由气息的瑞士苏黎世联邦理工学院学习物理技术。她并没有完成学业。即使在上大学期间，她也仍然是一个不合群的局外人形象。米列娃天生有一条瘸腿，引人侧目。她通常沉默寡言，似乎没有安全感，但同学阿尔伯特·爱因斯坦成了她的朋友。他们会一起读物理书，尽管米列娃对科学的兴趣已逐渐减弱。对她来说，和爱因斯坦生活在一起并不容易，因为爱因斯坦是个懒汉。爱因斯坦自然是不关心家中的事情，全靠米列娃一手操持家务。他几乎每天都与朋友们见面，并与他们讨论到深夜。阿明·赫尔曼（Armin Hermann）在他所著的传记中记述得非常详细，米列娃对爱因斯坦的同事表现得"非常不屑一顾和充满怀疑"。"因为他更喜欢在自己的专业领域喋喋不休地闲聊，所以直到晚上他也让她一个人独守空房。当她向他抱怨时，他就说她'缺乏独立性'。"[43]

米列娃过得很艰难。多少出于自卑，她情绪抑郁，饱受嫉妒心的折磨。爱因斯坦对她的个性则表达了不同的看法，他既可以说："总而言之，米列娃毕竟是一个不寻常的女人。"[44] 或者是充满爱意地写道："到了周日，让我吻你的唇。"[45] 他也可以严厉而刻薄地断言道，

与妻子米列娃及第二个孩子汉斯·阿尔伯特在一起，苏黎世，拍摄于 1904 年

米列娃"狡猾而虚伪"[46]，甚至指责她"有精神分裂的遗传倾向"[47]。大多数传记作者都会作出总结：爱因斯坦的第一次婚姻并不幸福。

爱因斯坦在结婚前一年已经成了父亲。米列娃前往当时的匈牙利旅游，并在那里生下了一个女儿。我们不知道这孩子后来怎么样了。结婚两周年后，第一个儿子汉斯·阿尔伯特（Hans Albert）在伯尔尼出生。又过了6年即1910年7月，他们生下了爱德华（Eduard）。这是一个问题儿童，后来他不得不在一个封闭的精神病院度过余生。1931年时，爱因斯坦回顾过去，承认自己"从未全心全意地把自己与至亲血肉联系在一起……而是对所有这些联系都有一种不可平复的陌生感，感觉自己需要的是独处"。[48] 根据传统的家庭角色分工，照顾孩子是米列娃的分内事。教育问题也凸显出来，尤其是在这对夫妇于1914年分居以后。

还在与米列娃保持婚姻关系的那些年里，爱因斯坦写给堂姐艾尔莎（Elsa）的信读起来就像是情书。艾尔莎·爱因斯坦离了婚，有两个女儿。这些信揭示了阿尔伯特失败的婚姻，并证明了他希望与艾尔莎建立起更亲密的关系。艾尔莎催促他离婚。"你以为在没有证据证明对方有过错的情况下就那么容易离婚吗？……"他写道，"有自己单独的卧室，避免和她独处。在这种形式下我能很好地忍受共同的生活。"[49] 尽管柏林科学院于1914年授予爱因斯坦一项崇高的荣誉，米列娃还是害怕跟随她的丈夫去柏林。因为在那里不仅有她丈夫爱着的艾尔莎，而且还有爱因斯坦的母亲，她当时经常去看望艾尔莎（爱因斯坦的父亲于1902年在米兰去世）。"我母亲平时很大度，但作为婆婆，她却是真正的魔鬼。"[50] 母亲乐于见到她的儿子阿尔伯特和表姐艾尔莎之间产生好感。"谢天谢地，他独自前来，因为我的十字架（米列娃）必须按照医生的指令带着孩子们一起去洛迦诺（Locarno）疗养。"[51]

数周以后，家人们跟着爱因斯坦去了趟柏林，然后一个在瑞士时的朋友米歇尔·贝索（Michele Besso）又来把米列娃接走了。婚姻显然已无法继续。当米列娃和他们的两个儿子登上前往苏黎世的火车时，爱因斯坦哭了。

1919年，离婚手续完成。米列娃获得了孩子的监护权，阿尔伯特·爱因斯坦则承诺会拿出一部分诺贝尔奖的奖金来支付抚养费。拿到诺贝尔奖在当时已经是意料之中的事情，实际上，在3年后他也确实拿到了这个奖。他与大儿子汉斯·阿尔伯特的关系很紧张，大儿子对他的父亲大加指责。"我认为，他对我的态度已经降到冰点以下了。"[52]父子之间的矛盾长期持续，当汉斯·阿尔伯特后来在加利福尼亚州担任水力学教授时，冲突仍然没有停止。1948年，米列娃在苏黎世孤独地死去。

爱因斯坦身上积聚的内心精神能量在科学和社会问题上发挥了创造性的作用，他对成千上万犹太难民的利他主义行为却无法在他的私人领域产生建设性的积极影响。他的婚姻很快就从欢乐的源泉变成了"最糟糕的糟心事"[53]，作为父亲，他的内心倍受煎熬。在他的有生之年，这些冲突一直被隐藏在公众的视线之外。直到他逝世后，种种线索才公诸于世，这种矛盾性让爱因斯坦的追随者们大吃一惊：作为家庭成员的阿尔伯特·爱因斯坦和那个伦理社会规范的创造者之间居然存在如此明显的差异。我们无法消除这种矛盾，而以下两点足以发人深省。爱因斯坦在他的工作中铺设了许多向外延伸的道路，但他从未去寻求一条通往自身内心的道路。赫尔曼·布洛赫（Hermann Broch）[①]曾把自己的小说《维吉尔之死》寄给爱因斯坦，爱因斯坦在写给布洛赫的信中写下这样一段富有启发性的话："这本书清楚地告诉了我，当我把自己的全部身心奉献给科学的时候，我逃离的是什么：从'我'和'我们'向'它'的逃遁。"[54]

那个总是喜欢开开玩笑，放声大笑的爱因斯坦就是以此来逃避的。他常常对自己本人、对许多哲学命题、对自己的习惯及各种事件进行幽默的点评，常常会笑得声震屋宇，这些都是他克服自己生存危机的方式。在心理学上，这种做法被称为"逃避到幽默中以制造距离感，避免亲密的情感带入"。从爱因斯坦的笑声中，我们可以发现其个性的关键。[55]

---

① 赫尔曼·布洛赫（1886—1951年），奥地利小说家，在现代德语文学中经常与罗伯特·穆齐尔和弗兰兹·卡夫卡相提并论。他的小说《维吉尔之死》被认为是现代文学史上堪与《尤利西斯》相媲美的经典之作。

第 2 章

多面人生

"奥林匹亚科学院"

在入职联邦专利局之前,爱因斯坦打算在伯尔尼通过上私教课挣点钱,于是他在《伯尔尼日报》上刊登了一则广告。不久之后就有一位年轻的罗马尼亚人莫里斯·索洛文(Maurice Solovine)来到他的住所,是一名哲学系的大学生,他相信哲学研究的是"最高级的问题"。[56] 为了解开头脑中的各种思想困惑,他转向探索科学问题,研究起地质学、数学和物理。虽然他为理解物理理论付出了巨大的努力,但由于缺乏基础知识,他的努力还是归于失败。爱因斯坦和索洛文很快成了朋友。爱因斯坦也首次尝试去理解哲学；然而，哲学中普遍存在的"模糊性和随意性"[57]促使他转向精确的自然科学。

> 瑞士联邦理工学院专业教师证书持有者阿尔伯特·爱因斯坦可为大学生及中小学生提供最为透彻的数学和物理补习课程。
>
> 正义巷32号2楼。可免费试听。
>
> 《伯尔尼日报》
>
> 1902年2月5日

爱因斯坦从来没有给索洛文上过传统意义上的物理课。爱因斯坦认为："坦率地讲，你不需要上物理课。"[58]索洛文问："那我们一起阅读某位伟大研究者的著作，并讨论书中所涉及的问题，难道不是更有针对性吗？"[59]于是他们就照做了。两人定期见面，大多数时候是在爱因斯坦的公寓里。不久，第三个人加入了这个小团体，爱因斯坦在阿劳时期的同学康拉德·哈比希特此时正在伯尔尼上大学。他们一起用餐，然后开始阅读文章，接下来就是展开讨论。三人称这种聚会为"奥林匹亚科学院",其氛围既充满机锋,又活泼愉悦。他们一起阅读了恩斯特·马赫(Ernst Mach)的作品《力学及其发展的批判历史概论》(简称"力学")和《感觉的分析》、约翰·斯图亚特·穆勒(John Stuart Mill)的《逻辑体系》、大卫·休谟(David Hume)的哲学著作,以及巴鲁赫·德·斯宾诺莎(Baruch de Spinoza)的《伦理学》。学院的书单涵盖了越来越多的作者:亨利·庞加莱(Henri Poincaré)、安德烈·玛丽·安培(André Marie Ampère)、理查德·阿芬纳留斯(Richard Avenarius)以及赫尔曼·冯·亥姆霍兹(Hermann Von Helmholtz)。小说及戏剧等文学作品也包括在内:如索福克勒斯(Sophokles)的《安提戈涅》,以及让·拉辛(Jean Racine)和查尔斯·狄更斯(Charles Dickens)的作品。

在"奥林匹亚科学院"期间这些充满启迪的谈话对爱因斯坦的科学发展道路起到了决定性的促进作用。他们有时读一页,有时只半页,甚至就一句话,然后就可以围绕这点东西讨论好几天。他们围绕大卫·休谟的"对实质和因果关系概念的极其敏锐的批评"[60]辩论了好几个星期。"可惜的是,关于我们如何从阅读上述书籍而引发长时间的热烈讨论,我没法向读者传递个中详情。"[61]索洛文写道,他后来在巴黎从事文学活动。深厚的友谊将他与爱因斯坦联系在一起,并在之后多年的动荡中仍然以通信的方式得以维系——因为爱因斯坦先是在柏林安家,然后又去了美国,而索洛文后来定居在法国。将近五十年后,爱因斯坦回忆说:"我们在伯尔尼经营我们有趣的'科学院'那阵子可真是一段美好的时光啊,

伯尔尼的"奥林匹亚科学院":(从左至右)康拉德·哈比希特、莫里斯·索洛文和阿尔伯特·爱因斯坦,拍摄于 1903 年前后

比起后来我亲身体验到的那些令人景仰的学术机构，它多少带点孩子气。"[62] 在他去世前两年，他写道：

致不朽的奥林匹亚科学院！

在你短暂的活跃存在中，你在一切清晰和聪慧的事物中享受着孩童般的快乐。你的成员们把你创造出来，就是为了取笑你那些浮夸的成年姐姐们。通过多年的仔细观察，我才学会了如何去充分尊重她们以此表达出的正确思想。

我们三位成员至少都证明了自己具有持久的恒心。尽管我们有些鼓噪不休，但你那明朗和令人振奋的光芒仍然照耀着我们孤独的生活道路，因为你没有和我们一起变老，不会像一株生长于杂草丛中的幽兰一般凋谢枯萎。

直到我们这些学究咽下最后一口气，也会保持对你的无限忠诚！致现在只能保持通讯联系的成员

A.E. [①]

普林斯顿，1953 年 4 月 3 日 [63]

---

① 阿尔伯特·爱因斯坦的名和姓的首字母。

哲学

爱因斯坦在写给索洛文的信中说,"对哲学的兴趣一直伴随着我……"[64]。据他在阿劳的同学汉斯·拜兰（Hans Byland）说,爱因斯坦陶醉于伊曼努尔·康德的《纯粹理性批判》。作为一名大学生,除了必修课程外,他还去听了关于"科学思想理论"和康德哲学的课。爱因斯坦一次又一次地试图在这位柯尼斯堡哲学家[①]的著作中找到思想的参考。因此,他在给马克斯·玻恩（Max Born）的一封信中说:"我在这里主要读了康德的序言等材料,开始理解这个家伙从前和现在都持续发散出的巨大暗示效应。谁哪怕只是承认康德先验综合判断的存在,那么他就已经被康德征服了……毕竟,它读起来很令人愉悦,虽然还不如他的前辈休谟那么精彩,休谟有着更为健康的天性。"[65]

在巴黎的法国哲学协会,有人问爱因斯坦他的理论是否与康德的哲学相冲突,他对此回答道:"这

---

① 康德从出生到逝世都在柯尼斯堡。

很难说。每个哲学家都有自己眼中的康德。"[66]爱因斯坦也有自己眼中的康德。他认为，康德哲学的价值蕴含于这句话："真实的东西不是直接赋予我们的，而是（以谜语的方式）布置给我们去认识的。"[67]根据他的能力，为了他的领域来解这个谜，将"布置的"现实转化为"赋予的"现实，对爱因斯坦来说，这就是终极任务。

爱因斯坦不可能对所有的哲学思潮都兼收并蓄，对那些与他的思维习惯和人格气质格格不入的哲学，他就会拒之千里。据卡尔·雅斯贝尔斯（Karl Jaspers）的前助手汉斯·萨内尔（Hans Saner）说，有人把雅斯贝尔斯的一些文稿交给爱因斯坦，请求他推荐其到普林斯顿大学任职。据说爱因斯坦读完后曾说过，他不可能给这个人写推荐信，因为雅斯贝尔斯的哲学就像黑格尔的一样，是"酒鬼的胡言乱语"[68]。

爱因斯坦也以类似的方式去评判亚里士多德。他偶尔会给他在普林斯顿养病的妹妹朗读一些亚里士多德的哲学著作。"其实挺让人失望的，如果不是如此黑暗和混乱,这种哲学不可能延续这么久。但是,大多数人对他们无法理解的话语怀有神圣的敬意,反而是把那些能看得懂的文章看作是作者肤浅的标志。"[69]

他能够掌握和充分吸收的哲学就是大卫·休谟和恩斯特·马赫的认知理论阐释。事实上,他恰好研究的是认识论,这并不奇怪,因为正如马克斯·普朗克(Max Planck)所断言的那样,相对论"可能超越了迄今为止一切理论自然科学对哲学认识论所做出的贡献"。[70]

对爱因斯坦来说,哲学不是一种思想体系的严格地展开的概念性工作——这是他在物理学领域的做法。哲学是激发他创造力的思想源泉。他消遣式地阅读叔本华,没有证据表明他像专业的哲学家那样系统地研究了其著作。他把哲学家的主要思想记在自己的脑海里。将自己在生活过程中积聚的哲学信仰浓缩为稳定的认知原则,即使是如量子物理学中那样需要对经验性的数据进行修正也不动摇,这是爱因斯坦的典型特点。强烈的感情和"直觉"[71]

贯穿了他的哲学信条，这位折中主义哲学家[72]将哲学史的不同断片汇聚凝结成一个独特的思想合成体。哲学不仅启发了爱因斯坦，他的物理思维也启发了哲学。一个著名的例子是关于卡尔·波普尔（Karl Popper）的，其代表作《科学发现的逻辑》的构思就是受到爱因斯坦物理学的启发。爱因斯坦自己也曾这样说："如果某种物理理论能够为一个全面理论的建立指明道路，那么这就是它最好的命运……"[73]波普尔后来到普林斯顿拜访了这位物理学家并同他进行了讨论，同很多人一样，他被爱因斯坦在哲学领域的才能和智慧深深地折服。

音乐

"我常常想到音乐。我在音乐中体验我的白日梦。我以音乐的形式来看待我的生活。而且……我知道，我生活的大部分乐趣都来自我的小提琴。"[74]

爱因斯坦的母亲弹钢琴，并鼓励她的儿子从6岁开始学习拉小提琴。通过不懈的练习，他成了一名优秀的小提琴手。小提琴演奏家鲍里斯·施瓦茨

（Boris Schwarz）在柏林和普林斯顿偶尔与爱因斯坦一起演奏音乐，他认为："他的演奏音调纯净。几乎没有颤音。"[75] 中年时期，忙于工作的爱因斯坦对自己演奏技术上的缺陷表示不满，但他总是能展现出自己的优点。"爱因斯坦演奏莫扎特的方式是独一无二的，"大提琴家亚历山大·巴尔扬斯基（Alexander Barjansky）宣称，"他不是一个造诣精深的演奏家，也许正是因为这个原因，他把莫扎特式天才的深沉和悲剧性如此自然地呈现在他的小提琴上。"[76]

对他来说，音乐表演是与他人建立联系的理想路径。爱因斯坦的朋友包括音乐家和物理学家，他们中的大多数人也会演奏一种乐器。六十多年来，他的小提琴箱一直伴随着他，甚至还陪着他出席各种科学会议。1921年，当他在布拉格做报告时，在最后结束时还为听众们演奏了小提琴。爱因斯坦通常在与人交往时表现出明显的个人中心主义，保守而克制，但一旦涉及音乐的方面时又表现得轻松而开放。因此，他与他后来的助手路德维希·霍普夫博士（Dr. Ludwig Hopf）能保持一种特别亲密的关系，因为霍普夫能够弹着钢琴陪在他身边。在爱因斯坦的传记中充满了大量这种与音乐相关的故事和关系，贯穿了他的一生。无论他走在哪里，他都会遇到活跃的音乐之友，在慕尼黑是如此，在瑞士和意大利是如此，在布拉格是如此，在比利时、荷兰、法国和英国是如此，在柏林和美国还是如此。

其中的一些故事值得一提。17岁时，他在阿劳州立中学管弦乐团的公开演出中担任独奏。"你真的能行吗？"一个同学问他。"哎，这是什么话，我的血液中流淌的都是音乐。"[77] 当他的小提琴开始奏鸣时，在他的同学汉斯·拜兰眼中就像是有人徐徐推开了演奏厅的大门。"真正的莫扎特第一次完整地出现在我面前……'这真是太伟大了，我们必须再来一遍！'他惊呼道"。[78]

在苏黎世上大学期间，作为一名物理系学生，爱因斯坦却总是和苏珊娜·马克瓦尔德（Susanne Markwalder）在一起演出，对于玩音乐他总是抽得出时间的。有一次，他听到隔壁房子传来钢琴声，他迅速收起胳膊下的小提琴，冲进了隔壁的楼房。

"请您继续演奏。"[79] 他向一位上了年纪的妇人问好,她自我介绍说自己是钢琴教师,他就立即和她一起继续演奏起莫扎特来。当他回到惊讶的苏珊娜·马克瓦尔德身边时,他高兴地说:"真是个可爱的人儿!从现在起,我要经常过去和她一起演奏。"[80]

从 6 岁起,他最喜欢的业余活动就是拉小提琴

将他与普朗克联系在一起的当然首先是物理学领域中卓有成效的合作。但普朗克也是一位训练有素的男高音,他年轻时曾在歌剧和轻歌剧中登台演出,同时也是一位钢琴家。他会在柏林的公寓中举办家庭音乐会。莉泽·迈特纳(Lise Meitner)也曾经是座上宾客之一。"倾听音乐是一种美妙的乐趣,爱因斯坦就算偶有失误也完全无足挂齿……爱因斯坦显然完全沉浸在音乐的愉悦之中……"[81]

爱因斯坦于 1930 年途经布鲁塞尔,令他惊讶的是，比利时的阿尔伯特国王和伊丽莎白王后邀请他共进晚餐。三点钟的时候，他"坐车去往国王宫邸，在那里我受到了亲切的接待。这两位好人儿浑身散发出一种少见的纯洁和善良。我们先是聊了大约一个小时，然后又来了一位英国女音乐家，我们四个人一起演奏音乐……持续了好几个小时，非常有意思……我在那里真是快乐非凡，而我也确信，这种感觉是相互的"。[82] 音乐再次帮助他建立起未来友谊的基石，特别是与伊丽莎白王后的友谊，此后二人常有书信往来。在这位年迈的物理学家写给王后的最后一封信中，他写道："我对拉小提琴这事已经没有任何兴趣了。随着时间的流逝，我再也无法忍受那些自己制造出来的声响。希望这种情况没有发生在您的身上。"[83]

音乐的纽带不仅能让他忘记自己面对专业领域同事们时的那种疏离感，他与妹妹玛雅能保持着温暖亲密的关系，也主要是由于他们能一起玩音乐。玛雅在瑞士上大学，研究浪漫派文学，这期间她就住在哥哥的住所附近。后来她与画家保罗·温特勒结婚，在托斯卡纳居住多年，此后她就搬到了普林斯顿的哥哥家居住。玛雅是一位极具天赋的钢琴家，她常常兴高采烈地和哥哥一起搞家庭音乐会，简直乐此不疲。在一封从普林斯顿寄出的信中，她写道："你们会认为，我是一个正在热恋中的小妹妹。"[84]

爱因斯坦不是音乐理论家。"对于巴赫——我们要做的是倾听、演奏、热爱、崇拜——以及闭上臭嘴。"[85] 他倾听巴赫——爱因斯坦常常去听音乐会；他演奏巴赫、崇拜巴赫，除了莫扎特之外，巴赫是他最喜欢的作曲家之一。他也欣赏舒曼、舒伯特、勃拉姆斯，但不喜欢瓦格纳，他对瓦格纳的音乐"大多唯有反感"[86]。对爱因斯坦来说，音乐可能是精神表达的缩影，这一点可以由下面这件轶事来证明：当他在1929年听到13岁的耶胡迪·梅纽因①（Yehudi Menuhin）演奏时，他双眼冒光，在音乐会之后急匆匆地跑到休息室去拥抱这位年轻的小提琴天才并且大喊道："现在我终于知道了，天堂里有位上帝。"[87] 爱

---

① 俄罗斯犹太裔美国小提琴家，4岁习琴，8岁参加比赛获奖，被誉为小提琴神童。

因斯坦把音乐看作是创造性精神最高成就的奇迹。他对尼尔斯·玻尔（Niels Bohr）原子理论的赞誉也是如此："这是思想领域最高级的音乐。"[88]

美术与文学

有人问爱因斯坦，他是否看到了艺术和科学之间的本质联系。他的回答是肯定的，并认为在这两种情形下，心理上的基本动因应该是相同的："……所有宗教、艺术和科学都是同一棵树的分支。"有创造力的人会努力塑造"一个简单而清晰的形象"，从而替换掉其纷乱复杂的个人经历。他将"情感生活的重点"转移到这个形象上，以此方式去寻求"平和与坚定"。"画家、作家、思辨哲学家和自然科学家都这样做，每个人有自己的方式。"[89]

对于美术和文学，爱因斯坦可能没有产生出对音乐那样的热爱。就绘画而言，至少可以找到两则小故事来说明。1923年，他在马德里的普拉多大厅里徘徊了两天之久，充满惊讶地欣赏委拉斯凯兹、戈雅和埃尔·格列柯的画作。"真是伟大的作品[90]！"他总结道。他在旅行日记中写道:"一位热情的老人带领我们(穿过)街道和市场,据说他写过关于一些格列柯的重要作品……小教堂里的那副精美的图画(《奥尔加斯伯爵》的葬礼)是我所看到的绘画中给我留下最深刻印象的画作之一。"[91]

他能够批判性地表达自己对当代艺术的看法。他对艺术领域的个性缺失尤为敏感。他认为绘画和音乐显然已经退化,逐渐失去与大众的共鸣。但他很欣赏画家约瑟夫·沙尔(Josef Scharl)。沙尔曾在柏林,后来在普林斯顿多次为爱因斯坦画过肖像画。沙尔用鲜艳的色彩绘画,喜用装饰,由此树立起自己独特的风格。他的全集包含了约3000件作品,其中许多画作都被认为是充满了挑衅意味、社会批判和政治讽刺。在爱因斯坦的时代,这些作品经常引起公众的愤怒,被纳粹认为是"堕落"的艺术。但是他的模特爱因斯坦本人则很喜欢这种艺术,而且也喜欢这位画家的机锋和诙谐。1938年,为了帮助沙尔能在一次赴美旅行之后能继续留在美国,爱因斯坦为其提供担保。爱因斯坦以此方式帮助过

阿尔伯特·爱因斯坦,约瑟夫·沙尔创作的油画,1950 年

许多人,而这位慕尼黑画家也不得不想尽办法,在美国艰难谋生。沙尔于 1954 年去世。比他晚一年辞世的爱因斯坦为这名画家写了一篇悼词:"我能有

幸与这位温暖而重要的人物结识相交的时间不长，仅仅数年而已。但这几年已足以让我们建立起牢固、亲密和快乐的友谊。他身上的一切都是真实、原初且新鲜的……作为一个天生的伟大艺术家，他只追随内心的声音，这使得他不断地寻找能够提高技艺、走向成熟的可靠途径。艺术领域的浮躁、时髦不会传染到他，同时他也绝不受过时形式和偏见的束缚……将会有越来越多真正热爱和理解艺术的人去欣赏他为世界所做的一切。"[92]

爱因斯坦承认自己不太热衷于文学。"部分原因在于书中描写的人物命运太过扣紧我的心弦，以至于其艺术效果因此而受损，让我容易忽略其艺术本身。我更喜欢富有思想性的书籍，尤其是哲学类书籍。我读的是叔本华、休谟、马赫，以及康德、柏拉图、亚里士多德的部分著作。在纯文学作品中，我读的是莎士比亚戏剧及喜剧，海涅和席勒的诗歌（只取其精华），托尔斯泰的《战争与和平》《安娜·卡列尼娜》和《复活》，陀思妥耶夫斯基的《卡拉马佐夫兄弟》，也读戈特弗里德·凯勒。"[93]爱因斯坦认为，在作家中，陀思妥耶夫斯基给予他的东西比任何一位科学家都更多。"我在读这本书，"他在1920年写给朋友保罗·埃伦费斯特（Paul Ehrenfest）的信中热情地赞扬《卡拉马佐夫兄弟》这部小说，"这是我手里捧过最棒的一本书……"[94]"天才作家"[95]安徒生的童话故事也让爱因斯坦深深着迷，尤其是以中国为背景的《夜莺》一文。另一本他放在案头时常翻阅的作品是塞万提斯的《堂吉诃德》。他仿佛是在镜子里以一种幽默的自由重新认清自己：幽默不是愤世嫉俗的结果，而是严酷的现实主义背景下的创作来源。

总的来说，爱因斯坦更喜欢那些讲述反抗统治制度、反对专制独裁或病态资本主义文明的文学作品。爱因斯坦推崇萧伯纳的闹剧幻想分析和反叛性，称之为"我们时代的伏尔泰"[96]。安娜·西格斯（Anna Seghers）的处女作《圣芭芭拉的渔民起义》描写的是渔民为反抗强大的航运公司而发动一场毫无胜算的起义，爱因斯坦把这本书放在床头柜上。床头柜上还有特拉文（B. Traven）的《亡灵船》：这部小说讲的是主人公对残存的文明感到绝望，流亡到公海上，后来他终于在墨西哥找到了另一种人生的基本价值。阿尔贝特·史怀哲（亦译施韦泽，Albert Schweitzer）是一位具有时代批判性的作家，他的批判不是源于马克思的理论，而是源于基督的形象，爱因斯坦推荐阅读其自述《敬畏生命》。史怀哲在中非奥果韦河的一次河流之旅中认识到一个道德原则，即"要保持对生命的尊重"，这与爱因斯坦的基本信念完全吻合。

爱因斯坦也会彻底贬低一些已得到公认的文学作品。他读过诺瓦利斯（Novalis）的一些作品，得出的结论是："浪漫主义在我看来是一种不正当的出路，是为了以相对廉价的方式实现对艺术更深层次的把握……"[97] 爱因斯坦对日报文章和一些当代文学的排斥也同样明确："一个只看报纸及只读当代作家书籍的人在我看来就像一个不屑于戴眼镜的高度近视患者。他受制于他那个时代的偏见和时尚，因为他没有其他的东西可以看、可以听。即使这个人可以不借用他人的思维和经验而自己独立思考，最好的结果也是相当贫乏和单调的。——在一个世纪之中很少会出现几个头脑清晰、风格独特、品位高雅的聪明人，他们所保存的东西是人类最宝贵的财产。多亏了一些古代作家的努力，中世纪的人们才得以慢慢摆脱迷信和无知，这种无知让人类世界沉入黑暗超过五百年——要克服当今时代的傲慢，我们做到这些就足够了。"[98]

第 3 章

物理学家之路

"想到他这个人的时候,我们想到的就是他的事业。因为只有把他本人看作是一个为永恒真理而斗争的舞台,我们才能理解他。"[99] 当爱因斯坦在 1942 年说出这句话时,他想到的是伟大的艾萨克·牛顿(Isaac Newton)。下面,让我们把爱因斯坦本人看作是一个舞台,进而描述在他成为伟大的物理学家道路上那些激动人心的事件。[100]

初次接触自然科学

在爱因斯坦后来的研究中发挥作用的一些经历似乎在他的童年和青年时代就已显露端倪。他并不是将这些经历看作是纯粹的一些事件，而是当作对他年轻心灵的挑战，他称之为"惊异"（Sich-Wundern）。"每当一种经验与一个固化于我们心中的概念世界产生冲突时，似乎就会产生出这种'惊异'。当此类冲突达到激烈和深入的程度时，它就会反过来对我们的思想世界产生决定性的影响……当我还是个大约四五岁的孩子时，父亲给我看了一个罗盘，我当时就把这看成是此类的奇迹。这枚指针以一种特定的方式运动，这与它在无意识的概念世界中运动的方式完全不同（与'触碰'相联系的运动效果）。直到今天我都记得——或者说我觉得自己记得——这次的经历给我留下了深刻而持久的印象。在事物背后一定深深隐藏着某种东西。一个人如果从小就对眼前的东西见惯不惊，他就不会以这样的方式做出反应，他不会对物体的坠落感到惊异，不会对风雨感到惊异，不会对月亮感到惊异，也不会对它不会坠落的事实感到惊异，不会对生命体和无生命体的区别感到惊异。"[101]

在爱因斯坦研究生涯中还有第二个奇迹。他在

12岁时经历了这一奇迹。"我在新学年开始时得到了一本关于欧几里得平面几何的小书。书里讲到，三角形三条边上的高相交于一点。尽管这并非显而易见，但这可以如此确定地予以证明，毋庸置疑。这种清晰性和可靠性给我留下了难以形容的印象。对公理不加证明地予以接受，这并不会让我感到不安。我并不怀疑其有效性，而如果我能够找到证据去证明它的话，那对我来说就是太完美了。例如，我记得在我得到那本神圣的几何小册子之前，一位叔叔告诉了我毕达哥拉斯定理（勾股定理）。经过艰苦的努力，我设法在三角形相似的基础上'证明'了这个定理。在我看来'显而易见'的是，一个直角三角形边的比例关系完全由其中一个锐角决定。只有那些在我看来没有以类似方式的'明显'表现出来的东西似乎才需要证明。在我看来，几何学的对象除了感官知觉的对象'可以看到和把握'之外，似乎也不属于任何其他类型……

"如果说有人看上去能通过单纯的思考就获得确定的知识，那么这个'奇迹'就是基于一个错误。

但是，对于第一次经历它的人来说，这已经足够奇妙了，因为人类完全有能力通过单纯的思考就实现如此高程度的确定性和纯洁性，就像希腊人第一次用几何学给我们展示出的那样。"[102]

对爱因斯坦来说，"惊异"在他的一生中各个年龄阶段都保留了其原始的意义。"我们能体验到的最美丽的东西就是神秘。这是站在真正的艺术和科学的摇篮边的基本感觉。谁要是不能认识到它，不再感到惊异，不再觉得奇怪，那就可以说这个人已经死了，他的眼中已经空了。"[103]

诺贝尔物理学奖得主詹姆斯·弗兰克（James Franck）从爱因斯坦那里听到过下面的话："当我问自己，为什么恰恰是我发现了相对论时，似乎其原因就在于：正常的成年人不会去思考时空问题。在他看来，他在童年早期就已经对这个问题做过思考了。而我却相反，我的发展如此缓慢，以至于我到了成年才开始思考关于空间和时间的问题。当然，成年的我就会比一个普通的孩子对这个问题做出更深入的研究。"[104]

亚伦·伯恩斯坦（Aaron Bernstein）以大众科普的形式对当时已知的所有自然科学进行了描写，这在青年爱因斯坦的发展道路上具有重要意义。"……这是一本让我屏气凝神、细细阅读的书。"[105] 在所有的自然现象中，作者首先提出了光速的问题。"当我们谈论光在空间中传播的速度时，许多人都认为这是一个传说或科学的夸张。现在，电报上展现出的电流速度让人们每天都啧啧称奇，每个人都很清楚，确实存在着某些可以以难以理解的速度在空间中传播的自然力。"[106] 爱因斯坦可能就是在这里第一次遇到光速及其基本意义的问题。回想起来，爱因斯坦认为自己无论如何都算是幸运的，当时就通过一种通俗的描述方式了解到了整个自然科学的主要成就和方法，只是在量级上还有欠缺而已。

另一本书爱因斯坦"满怀激情"去阅读的书正是前文提到的《力与物质》，这本书试图用法国机械唯物主义的精神去解释自然科学的发现，在当时流传甚广，争议颇多。作者路德维希·毕希纳是革命诗人和自由战士格奥尔格·毕希纳（Georg

Büchner）的兄弟。1848—1849年革命后，由于政治立场问题，他在图宾根大学的讲师席位被剥夺。路德维希以建立无神论唯物主义自然观大厦为己任，不接受无法通过现实证明的过时思想。如果说他的斗争精神首先指向的是宗教信仰中流传下来的思想（他的座右铭之一是："通常，科学向前迈出一步，上帝就往后退却一步。"），那么阅读这本书对青年爱因斯坦产生的影响更具有决定意义："结果是给我带来了彻头彻尾的狂热自由精神，同时还有一种印象，那就是国家会带着偏见欺骗青年人。"[107] 从这种经历中产生出"对任何权威的不信任"，"这种观点再也没有离开过我……"。[108]

与物理学的初次接触就足以让这名青年对自己的职业目标有了清楚的认识，已经为他指

路德维希·毕希纳，拍摄于 1870 年前后

出精神独立和自由的方向，爱因斯坦今后在处理他的问题时将会需要这样的独立与自由。

在慕尼黑的中学时代结束后，爱因斯坦已经掌握了很多数学知识，"包括微积分原理"[109]。"当读到那些逻辑不太严密，但中心思想清晰而突出的书籍时"，这又是一项有利的技能。"总体而言，这项活动确实令人着迷，其中有一些亮点可以很好地用基本几何来加以说明。"[110]

在苏黎世联邦理工学院，爱因斯坦本可以接受良好的数学教育。他自己也承认，他的老师阿道夫·胡尔维茨（Adolf Hurwitz）和赫尔曼·闵可夫斯基都非常优秀。然而实际情况却是："我之所以在一定程度上忽视了数学，不仅是因为我在科学上的兴趣比数学强，而且是因为下面这个独特的体验：我看到数学被分为许多个专门领域，而每一个领域都可能让我们穷尽这短暂的一生。因此，我发现自己的处境就像布里丹之驴①，无法决定究竟该去吃哪

---

① 布里丹之驴，亦称布利丹效应，是以 14 世纪法国哲学家布里丹命名的一条悖论，指一只完全理性的驴恰处于两对等量等质的干草堆的中间，不能对自己究竟吃哪一堆干草做出理性的决定，于是将要饿死。

一捆干草。这显然是因为我在数学领域的直觉不够强大，无法将最基本、最重要的内容与其他可有可无的知识区分开来。此外，我对自然科学的兴趣肯定更大。作为一名大学生，我还没有认识到要获得物理学中更深层次的原则知识离不开最好的数学方法。我也是在多年的独立科研工作之后才逐渐明白这一点。"[111]

> 如果我能再回到青年时代，再次面临抉择来决定自己谋生的最佳方式，我将不会选择成为科学家、学者或者教师，而是会想成为一名水管工或小商贩，希望能以此确保自己在今天的条件下仍然可以实现适度的独立。
>
> ——阿尔伯特·爱因斯坦

在阿劳州立中学的那一年，爱因斯坦已经开始关心两个问题，为了找到这两个问题的答案，他多年来殚精竭虑，孜孜以求。第一个问题是，如果我跟在光束的后面不停追赶并最终赶上了它，将会发生什么？十年后，这种不寻常的思考导致了一个同样不寻常的发现——狭义相对论。第二个异想天开的问题是，在一个自由落体下降的电梯中会发生什么样的物理过程？经过十六年的思考，爱因斯坦在他的广义相对论中给出了答案。

自学完成大学学业

爱因斯坦在苏黎世综合技术学院上大学期间就已经开始着手他后期研究事业的部分前期准备工作了，尽管如阿道夫·菲施（Adolf Fisch）教授[112]所言，那里当时的条件并不太利于物理学的发展。"亥姆霍兹之后发生的事情直接被忽略了。此项研究完成后，人们知道了物理学的过去，但不知道它的现在和未来。"[113]爱因斯坦想要学习关于光的电磁理论中最重要的内容，然而课堂上并没有涉及这个问题领域。他开始自主学习。在自家的房间里，他研读恩斯特·马赫、海因里希·赫兹、古斯塔夫·罗伯特·基尔霍夫（Gustav Robert Kirchhoff）、亨利·庞加莱和詹姆斯·克拉克·麦克斯韦（James Clerk Maxwell）的著作。这名大学生就是这样在与重要物理理论进行智力交锋的过程中自我练习。多年后，他将自己思想工作的收获放入他与同道中人所进行的讨论之中。在许多信件中，我们都可以看到他对科学假设的反复斟酌，并通过批判性的回应而走向成熟。[114]

恩斯特·马赫的著作在这些思想潮流中占有突出的地位。马赫不仅对"绝对空间"和"绝对时间"提出了质疑，而且在他的著作中明显能够找到贯穿物理学史、并被爱因斯坦吸纳的那一条红线。因为相对论"绝不是一个革命性的论断，而是一条可以追溯到几个世纪之前的自然发展线条"[115]。

对爱因斯坦来说，这条线索越来越清晰地从理论物理学背景中凸显出来。在看似确定的历史知识中展现出各种矛盾。一方面是牛顿的运动方程及他的理论所包含的对力和测度的规定；另一方面，爱因斯坦见识到了麦克斯韦的电动力学，这是他研究中"最令人着迷的主题"[116]。

牛顿的物理学从力学概念的"质点"[117]出发，将其作为物理真实的唯一代表。"所有发生的事情都应该从机械的角度来理解,即根据牛顿运动定律将其仅理解为是质点的运动。"[118] 通过麦克斯韦的电学理论,经过海因里希·赫兹[119]的实验验证,存在着用机械运动不可解释,具有连续性的场。如何将这两种本质上完全不同的基本理论相结合,似乎是所有物理学家的"最高任务"[120]。问题在于,这一结合更偏向于哪方。麦克斯韦的电磁场物理学或牛顿的物理实在概念,究竟哪一个才应该成为所有的物理学的唯一基础?这个问题深深打动了在苏黎世学生时代的爱因斯坦。五年后,他第一次尝试提出解决方案。

思想家

爱因斯坦曾经被问到他的天赋是从哪里来的,他回答说:"我没有特别的天赋,只是特别好奇。"[121]

与这种特别的好奇心联系在一起的是爱因斯坦超常的专注力,无论外部环境如何变化都是如此。他的朋友利奥波德·因费尔德(Leopold Infeld)曾与他在普林斯顿共事过很长一段时间,他写道:"不管是在不眠之夜,还是在充满各种活动和事务的白天，他都能执着地思考自己的问题。这种专注的天赋是爱因斯坦思想的基本特征。"[122]

他工作风格的第二个重要特征是能够清晰、简洁地表达自己的想法，而且其语言往往一针见血，直击要害。爱因斯坦在伯尔尼专利局的工作在这里结出了硕果——他必须起草文件并学会简短、明确和正确地表达出发明的本质特征。发明者自己往往只能以一种令人费解的方式提出他们的想法，爱因斯坦拥有能进入他人陌生思维过程的天赋，并乐在其中。"对于爱因斯坦活泼而勤奋的头脑来说，跟随一个混乱的思路而深入，拨开疑惑迷雾，找到其中错误，这始终不失为一种乐趣。"[123]

第三个因素，或许也是最重要的，可以解释为他对科学本能的把握。"这在科学研究中很奇怪，通常没有什么比看出在什么地方不适合花费时间和精力更重要的了。另一方面，没有必要去追求容易实现的目标。人必须有一种本能去把握好，什么是付出最大努力后刚好就可以实现的。"[124]爱因斯坦从未失去这种健康的"本能"，或者正如他所说的，一种把事物本质与纯学术区分开来的"直觉"。[125]

认识论与科学

对爱因斯坦来说,实验和现代物理理论知识一样重要。伽利略的思想给这位年轻的研究工作者留下了深刻的印象。"经验和感官知觉应该优先于所有的猜想,不论这些猜想多么有根据。"[126]爱因斯坦是一个喜欢做猜想的人,他把这句话牢牢记在心中。在他的科学通信中,我们总是能读到他验证自己方程式的努力。他遵循的原则是——未经经验验证的概念和表述应从理论物理学中"被彻底根除"。[127]由此,他获得了一种"强大的方法"[128],没有这种方法的助力,他就无法实现他的相对论,也不能对量子物理学做出自己的贡献。

爱因斯坦对经验的态度可以用"经验关联"[129]这一关键词来表明(理论不得与经验事实相矛盾[130])。他在讲到自己的大学时代时说,他几乎每天都在物理实验室工作,"对于与经验的直接接触感到着迷"[131]。

鉴于爱因斯坦在陈述中明确地将经验置于核心

伽利略像，奥塔维奥·莱昂尼绘于1600年

地位，那么他为什么不致力于实验物理学，而是理论物理学，这一定是个相当有趣的问题。一个可能的原因在于他对这门学科虽然热爱，但却遇到过一些不走运的事。"我几乎都不敢把仪器拿在手里，怕它会爆炸。"[132] 然而，在这里起决定性的因素在于，从青少年时期开始他对理论的兴趣，或者说对于对猜想的兴趣就大于对于实践的兴趣。"我对自然科学的兴趣总是局限于那些原则的主要方面"[133]，他写信给他的朋友索洛文时写道。

在"经验关联"中，他看到了可以支撑其思想的锚点。1919年和1949年的科学考察活动从实验上证明了相对论的观点，这成为他生命中的顶点。这里呈现的是一个对理论物理学家来说意义重大的个人高光时刻。爱因斯坦这位思想家经常会被一种不安感侵袭："只有亲身经历过的人才知道那种五味杂陈的感觉，多年来在黑暗中寻找它的紧张渴望，信心和疲倦的交替，以及最终突破、取得清晰的认识。"[134] 经验意味着，只有对通过思考所获得的东西进行证实，才会给理论家带来心灵的平静。爱因斯坦太了解这种持续经年、穷根究底的探寻了："那些了解它（指精神工作）的人就没法摆脱掉它。"[135] 他在致大学好友埃拉特的信中写道："现在我知道为什么有那么多人喜欢劈柴了。毕竟，在这件事上你总是能立即看到成功！"[136]

从另一种意义上来说，爱因斯坦处在自伽利略以来的古老传统中。伽利略花了很多年的时间去研究哲学，只花了几个月去研究物理。约翰内斯·开普勒（Johannes Kepler）[137]、莱昂哈德·欧拉（Leonhard Euler）[138] 和后来的亨利·庞加莱[139]、伯特兰·罗素（Bertrand Russell）[140]、马克斯·普朗克[141] 都以自己的方式尝试将自然科学思维与认识论思想结合起来。从这个角度讲，爱因斯坦的问题是可以理解的。"一个有天赋的自然科学家……是怎么开始关心认识论问题的呢？在他的领域不是还有更有价值的工作吗？"如果他认为自己会听到同事们以消极的方式来问这个问题，他会回答说："我不能认同这种态度。"[142] 促使一名研究者从事科学工作的因素如果说仅仅只是求知欲、虚荣心或纯粹思维炫技的乐趣的话，那么他就会问自己这样一个问题："我让自己奉献其中的科学，想要并能够达到什么样的目标？他们的普遍结果在多大程度上是'真实的'？什么是本质性的，什么是仅仅基于发展的巧合？"[143]

认识论为爱因斯坦的物理研究做好了准备。它强化了批判意识，未经反思的概念不会被纳于理论之中。例如，爱因斯坦从大卫·休谟那里学到，因果关系的概念不能从经验材料中推导出来。对爱因斯坦来说，和前者一样，包括那些"最接近经验"的概念在内，所有的概念"从逻辑的角度来看都是自由的设置"[144]。这些知识对爱因斯坦来说是不可或缺的。后来的经验告诉他，"最有能力的学生"[145]"不是通过单纯的敏捷度"[146]，而是通过"判断的独立性"[147]脱颖而出，并在这个意义上致力于

"活跃地追求认识论"[148]。

进一步说，认识论的思考也有助于验证理论，是对某种理论进行理性的、系统性严密检验的理解。科学和认识论是"相互依存"[149]的，因为"没有认识论的科学——如果可以想象其存在的话——是原始而混乱的"[150]。相反，不与科学相接触的认识论则会成为"空洞的图表"[151]。

然而，根据爱因斯坦的观点，认识论学者和自然科学研究工作者都必须看到各自领域的边界：他不能让自己受到误导，从有利于自己领域的角度去对科学进行阐释，因为这样的话，他很容易去拒绝接受那些不符合其思想的某种科学的某些部分。尽管科学家要利用认识论理论概念进行分析，但他受到可观察的事实为他设定的外部条件的限制，这些条件不允许他在构建他的概念世界时过分坚持某种认识论体系。在专业哲学家眼中，他必然偶尔呈现出一副"肆无忌惮的机会主义者"[152]的面貌。科学家是折中主义者，因为他必须根据不同情况对不同系统的各个方面兼收并蓄。根据爱因斯坦的说法，当他假设出一个独立于我们感知行为的外部世界时，他看起来是一个"现实主义者"；当他认为概念和理论是"人类思想的自由发明"，因此在逻辑上不能从经验推导出来时，他又是一个"理想主义者"；只要他还认为概念和理论只有在它们之间具有逻辑关系时才能被证明，那他就是一个"实证主义者"；就他认为"逻辑简单性"是他的研究中不可或缺的有效工具而言，他又是一个"柏拉图主义者和毕达哥拉斯主义者"。[153]

那么，爱因斯坦的立场应该归入哪一类呢？首先，必须回答他的基本问题：什么是自然科学？[154]对他来说，"这是在概念把握过程中对所有存在进行后续重建的尝试"。[155]对爱因斯坦来说，这个重建过程是通过对我们"日常思维"[156]的分析来阐明的，物理学家离不开它，因为"整个自然科学只不过是我们日常思维的提炼"[157]。

究竟什么才是"思考"？"如果在收到感官印象时出现记忆图像，这还不是'思考'。如果这样的图像形成某种系列，每个部分都会唤起对另一个部分的记忆，这也仍然不是'思考'。但是，如果某个特定的图像在多个此类的系列中轮回出现，因为它连接到了无关联的系列之上，它就会通过它的重现精确地成为此类系列中被排序的元素。这样的元素变成了工具，变成了概念。我对自己说，从自由联想或'做梦'到思考的转变，其特点是'概念'或多或少地在其中发挥着主导作用。就其本身而言，一个概念不必与感官上可感知和复制的符号（词语）联系在一起，但如果是这样，思维就可以通过它进行传播。"[158]

根据爱因斯坦的说法，最早能在"科学的国际化语言"中看到语言的能力。因为科学在很大程度上致力于语言在一般情况下试图做的事情，"……概念在与感官数据的相互关系以及一致性中展现出的极端尖锐性和清晰性"[159]。几何与代数给出了一个例子，二者"都使用少量独立引入的术语或符号进行操作"[160]。在代数中，它是数；在几何中，它是点和直线。这些符号可以用约定的字符进行补充，用于四种基本计算类型，以此规范它们之间的术语。所有其他公式和术语都可以从这些排列组合中衍生出来。

公理也是自由创造的，所以说数学对于公理而言没有"真""假"之分。与之相反，物理公理则必须适用于"物理现实"。然而，这一要求带来了巨大的困难，因为公理就像数学公理一样，是人类思想的"自由设置"[161]，并非从经验中推导而出。

用爱因斯坦的一张草图[162]可以说明这个问题：

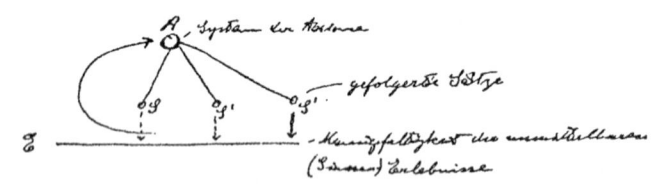

爱因斯坦的草图："公理系统／推断定理／直接（感官）体验的多方面性质"

这幅图解释了逻辑可以应用于哪些领域，以及在哪些领域又必须接受不符合逻辑的关系。从逻辑上讲，根据爱因斯坦的说法，科学定理（S，S'…）可以从正确的公理（在草图中标记为 A）中推导出来，它们彼此之间有逻辑关系。然而，这种方式穷尽了逻辑的领域。

只要是涉及公理或定理的验证方面，爱因斯坦则使用术语"直觉"[163]来描述所有其他关系。尽管公理是基于感官经验（E），但它们的关系是纯粹的"直觉"。因此，直觉成为物理定律和经验世界之间的中介，它依附于帮助我们区分"空洞的幻想"[164]和"科学的真理"[165]的标准而存在。

这种方法揭示了爱因斯坦矛盾的哲学立场：他自己既是一个理性主义者，也是一个经验主义者，爱因斯坦觉得自己的这个标签"非常贴切"[166]。"当一个逻辑概念系统对经验世界的概念和陈述必须以关联的方式去观察时，这就是物理学。任何试图建立这样一个体系的人都会发现，随意性（embarras de richesse）是一个危险的障碍。因此，他试图将他的概念尽可能直接和必然地与经验世界联系起来。他的态度就可以说是经验主义。这条道路往往会收获颇丰，但总是充满争议，因为单个的概念和陈述只能在与整体有关的经验中表达出某些经验现实所面对的东西。然后，他会认识到，不存在一条从经验现实到那个概念世界的逻辑之路。他的态度会变得相当理性，因为他会认识到系统的逻辑独立性。

这种设定的危险在于，在寻找系统时，人们可能会失去与经验世界的所有联系。对我来说，在这两个极端之间摇摆不定似乎是不可避免的。"[167]

值得强调的是引文中所提到单个陈述要与系统整体联系的重要性。根据爱因斯坦的观点，我们不能判断单个陈述的"有效"或"无效"，除非它与系统完整性相关联，这是由逻辑原则决定的。"一个系统根据其对归入经验整体程度的确定性和完整性而具有真理内容。"[168]

实现整体系统，关注其完整性，这成为一个决定性的原则，因为对爱因斯坦来说，这就是真理标准的地位。一个"好的系统"[169]的特点是，它在很大程度上以尽可能简单，由极少几个基本假设的理论构成，追求的却是克服经验的多样性。"这些目标的有限兼容性是我们处于研究的原始状态时的信念问题。对我来说，如果没有这种信念，我对认识的独立价值就不会有如此强大和不可动摇的信念。"[170]

"简单"和"经济"是爱因斯坦在他五十五年的

工作生涯中努力追求的科学理论理想模式。正如他所写的那样，科学理论的起源解释了这个概念：在第一阶段，科学局限于"初级术语"[171]的整体和"与它们联系的定理"[172]。科学"最崇高的目标"[173]是寻求逻辑上的简化，也就是说，努力用最少的"初级术语"来解决问题。从这个基础开始，在第二阶段形成一个"初级系统"，其特征在于术语和关系的缩减。从以此产生的次级系统中可以逻辑推导出初级系统。然而，次级系统的特点是它只包含那些不再与我们感官知觉复合体相关联的概念。在寻求进一步简化的过程中，我们进而形成一个比次级系统更少术语的"三级系统"。然而，这个系统将进一步排除经验数据。我们由此得到一个阶梯图示，在它的最顶层有一个系统，这个系统只有极少几个概念，看起来非常抽象，但一级一级地往下就可以"直观地"与经验数据产生关联。爱因斯坦从未放弃达到最高级层的希望，也就是发现某种"世界公式"。

> 爱因斯坦的思想打开了关于宇宙的新视野，为古代天文知识注入了新希望，堪与哥白尼的成就相媲美。
>
> ——马克斯·玻恩

在他的相对论中，他为这一论点给出了一个"漂亮的例证"[174]。相对论的创建是为了改良物理学的基础，使其逻辑简洁，理论越来越抽象，就失去了与经验数据的联系。自然代表了最简单的数学概念的实现，如果没有这样的信念，爱因斯坦可能不会在这方面取得成功。[175]

从这个角度讲，爱因斯坦的著作可以与哥白尼的相提并论，马克斯·普朗克和马克斯·玻恩就是这样看的。[176]当哥白尼创立他的体系时，他无法预知何时能产生一个需要排除他的时代之前所有天文解释的新观测结果。普朗克认为，爱因斯坦世界观的价值和证明力量完全建立在有原则、系统性的清晰度之上，这种清晰度遍布于整个自然知识之中。

第 4 章

狭义相对论

爱因斯坦在写给他的朋友康拉德·哈比希特信中说："在专利局工作了八个小时后，还有八个小时的自由时间及一个周日……"[177] 他所说的"自由时间"是指研究物理学的工作。他第一篇独立发表的论文是刊登于 1901 年《物理学杂志》(*Annalen der Physik*) 上的《毛细管现象所得的推论》。在接下来的几年里，爱因斯坦又发表了几篇关于经典统计力学的论文。1905 年成为决定性的一年。爱因斯坦写出了博士论文《分子大小的新测定方法》。这篇 21 页的论文被提交给苏黎世大学。阿尔弗雷德·克莱纳（Alfred Kleiner）在博士论文鉴定书中写道："要实施的思考和计算是流体动力学中的难题之一，只有在处理数学和物理问题时具有理解能力和实践精神的人才敢冒险进入其中。"[178]

在 1905 年这个成果丰硕的年份里，爱因斯坦的第二篇论文也公开发表在 3 月 17 日的《物理学杂志》上，它包含了爱因斯坦的光量子假说。他的光学理论建立在普朗克 1900 年的发现之上。在这里，光被想象成粒子（光子）的轰击现象。这种粒子的波长越长，能够从金属中"撕裂"电子的能量就越低，因此发现了光的双重性质（它既是波，又是粒子，即波粒二象性）。

爱因斯坦对"布朗运动"现象的研究也值得注意。他并不知道，大约在 1827 年，植物学家罗伯特·布朗在显微镜下已经将悬浮在液体中的尘埃颗粒的不规则运动归因于液体分子的碰撞。"是什么导致了这种不间断的运动？就像一艘船在大海中因波浪运动而起伏一样，水中的粒子在更小的水粒子的影响下发生抖动，这些水粒子在显微镜下是不可见的。爱因斯坦以此阐述了他所预见的这种效应的理论。"[179]

所有这些成就都被一篇题为《论动体的电动力学》的论文所超越,它有三十页的篇幅,是爱因斯坦关于狭义相对论的第一份出版物。"从狭义相对论思想的产生到有关文章的完成,花了五六个星期的时间。"[180]爱因斯坦告诉他朋友埃拉特,他早上醒来时脑袋里就冒出了这个想法。爱因斯坦用这套理论创造出了一个新的时空学说,正如马克斯·普朗克所写的,这"对物理学家的抽象和想象能力提出了最高的要求"[181]。"论据和基础"已经在多年前就有了,"然而在此之前尚未做出最终判定"[182]。

爱因斯坦指的是什么样的"论据和基础"呢?"最终判定"又是什么?狭义相对论基于两个原则:

1. 光速的恒定性:伽利略已经猜测到,光必定是以非常快的速度传播的。在他之后的几代物理学家系统地从事了光的研究。首先是通过天文和地面的方法以实验进行了确认,光在真空中以每秒约30万千米的速度直线传播。其次,天文观测证明,真空中的光速与光源发射体的运动状态无关。

伊萨克·牛顿，同时代佚名画家的画作

2.伽利略相对论原理：爱因斯坦认为，从古希腊时代起，人们就知道，"要描述一个物体的运动就需要有第二个物体，而第一个物体的运动与第二个物体有关。车辆的运动与地面有关，行星的运动与可见恒星的整体有关"[183]。在物理学中，这些与空间运动过程相关的物体被称为"坐标系"。

伽利略和牛顿的旧机械定律只适用于那些在恒星星空下无加速度运动状态为特征的坐标系。如果这个先决条件得到满足，我们就可以在物理学中称之为"惯性系统"。对于描述自然过程而言，所有相对于彼此沿直线匀速运动的惯性系统都被视为是等价的。经典的伽利略变换方程就是为了描述位置和速度从一个惯性系统转移到另一个惯性系统的情况而建立的。

以太

爱因斯坦之前的电动力学给以太赋予了一个特殊的位置。它被想象成一个在空间中静止的介质,其作用是作为光的运动过程的载体,类似于空气作为声音传播的载体。

由此就产生了狭义相对论的问题。爱因斯坦想知道在空间中是否真的存在这种静止的介质。他的思路简化如下:让我们想象有两个系统,首先是所谓的静止以太(系统Ⅰ),其次是匀速直线移动的系统(系统Ⅱ)。身处以太之中的观察者会声称系统Ⅱ正在移动,但他与他所处的系统则处于静止状态。同样的道理,在系统Ⅱ中的观察者会声称所谓的静止以太正在移动,而他自己则是在静止状态。

因此,爱因斯坦得出结论,"静止以太"的运动状态无法加以证明。因此,他建议放弃这一从赫西俄德[①](Hesiod)就开始使用的术语。物理学家不可能

---
① 公元前8世纪的古希腊诗人,此处即指古希腊时期。

去确定一种绝对匀速的运动。因此，在直线匀速运动的系统中起作用的必然是相同的自然规律，伽利略相对性原理适用于所有的自然过程。特别是，光速 c 必须在所有惯性框架中具有恒定值 $c \approx 3 \times 10^8$ 米/秒。

爱因斯坦用下面的情景来解释：我们可以设想一个匀速直线行驶的火车（惯性系统Ⅰ）。在火车的正中间坐着一个观察者，他向火车的头尾两个方向发射光束。通过利用一个设计巧妙的镜面装置，观察者可以看到光线同时到达火车的头部和尾部。由此，他就能够确认光速的恒定性。

现在，站在铁路路堤上（惯性系统Ⅱ）的第二个观察者正在研究同样的过程。然而，他注意到火车尾部正朝着光束照来的方向行进，光束会较早到达火车尾部，因此后者不需要行进这段距离的一小部分。与火车行进方向一致的光束则较晚到达火车头部，因为尽管列车行驶速度比光传播速度慢得多，但火车头还是向前行进的，直到被最终被追上。这种推理明确地使用了所有惯性框架中光速恒定的定理。这显然导致了一个矛盾：两个观察者对事件同时性的评估产生了差异

（在这里是光信号到达火车尾部或火车头部的情况）。

空间与时间

爱因斯坦通过"修正运动学"找到了"逻辑统一"[184]，从而找到了矛盾的解决方案，"即从物理的角度出发修正有关空间和时间的定律学说[185]"。

为了理解这种修正，我们需要简要阐述经典物理中的时空学说。"起初（如果真有这样的起初的话）是上帝创造了牛顿的运动定律及必要的质量和力。这就是一切。"[186] 在这种物理学中，空间和时间是绝对的。"时间自我流动，以其性质而言是一致的，与任何外部物体无关。"[187] 牛顿这样告诉世人。对他来说，地球上一个发生在地点 A 的事件可以与太阳上一个发生在地点 B 的事件同时发生，这是不言而喻的。和时间一样，空间也是绝对固定的。"绝对空间，由于其性质不变且与外部物体无关，始终保持其不变和不动。"[188]

恩斯特·马赫坚决反对这种空间和时间的概念，爱因斯坦曾详细研究过他的《力学》一书。在马赫看来，如果一个公式的内容不能通过感官加以证明，那它在自然科学中就没有任何意义。因此，他将"绝对运动"描述为一个没有意义、内容空洞、科学上无法使用的概念。[189]

对于"绝对空间"，也没人能说出什么"有意义"的话。"绝对运动"和"绝对空间"是"纯粹的思想"。对马赫来说，物理学上的时间也是如此。"一个运动相对于另一个运动来说可以是匀速的。一个运动本身是否匀速的问题根本没有意义。同样，我们可以说'绝对时间'（独立于任何变化）也没有意义。绝对时间根本无法说明任何运动，因此它根本没有实际价值，也没有科学价值。"[190] 显然，马赫的批判观点对爱因斯坦发现相对论做出了重大贡献。爱因斯坦自己写道："要是马赫在年轻的时候遇上

恩斯特·马赫，拍摄于 1900 年前后

一个物理学家对光速恒定的意义问题感兴趣的时代，那么有可能就是由他来提出相对论了。"[191]

狭义相对论的提出还有另外一个机缘。物理学家阿尔伯特·迈克尔逊（Albert Michelson）和爱德华·威廉姆斯·莫雷（Edward Williams Morley）仍然以空间中存在一种静止以太为假设前提，研究了以下问题：当以太相对于太阳处于静止，并且不随地球移动时（地球以每秒约30千米的速度绕太阳移动），人们必然会通过光速的改变观察到以太相对于地球的快速运动。按照预期，光速应该会产生不同的值，这取决于光线是顺以太风还是逆以太风发射出去。然而，所有这类实验都失败了，这表明光速与以太假说无关。但由于人们不想放弃以太，人们尝试做出对这个问题的数学解释。乔治·菲茨杰拉德（George Fitzgerald）提出了以下假设："每个相对于以太以速度 v 运动的物体，在运动方向上……会产生（一瞬间的）收缩。"[192]

亨德里克·安东·洛伦兹（Hendrik Antoon Lorenz）对这个大胆的"收缩假说"进行了发展，并假定,"在一个匀速移动的系统中,必须使用自己的时间度量"[193]。因此,每个系统都有自己的"本地时间"。为了将一个系统的时间转换为另一个系统的时间,他创建了以他的名字命名的方程式,即"洛伦兹变换"。

此时,爱因斯坦的成就是"对空间和时间的概念做出了最终判定"。赫尔曼·闵可夫斯基概述了他"哥白尼式的行为",认为爱因斯坦并不认为"洛伦兹的假设"是一种"人为的假设"……,而更多的是将其作为一种通过现象予以证明的新型的时间概念加以认识[194]。

爱因斯坦想要建立一种一般性原则,就像热力学中的定理一样:"……自然规则的要求就是,不可能构建某种一直处于(在第一种形式和第二种形式之间)变动的规律。"[195]

如果我们接下来在理解爱因斯坦的数学物理理论时不使用方程式,那它们只能是对狭义相对论原理中最重要的思维过程的展演。首先,我们要重复说明的是,光速恒定和伽利略相对性原理是思考的出发点。必须从同时性的概念开始进行修正。还记得火车上的观察者吧，他能够确认他的"系统"中光过程的同时性，但他在铁路路堤上的那位同事却不能。正如已经指出的那样，在经典物理学中，所有惯性框架的同时性是被不加批判地予以接受的。现在这个概念成了"思想的圣灵"（Parakleten des Denkens）。我们将通过执行以下思想实验来重新对它进行思考：如果可以将位置 A 的时钟 U 与位置 B 中的第二个时钟 U' 调整为同步，则可以证明同时性。我们可以对进行这项研究中的两种方法进行讨论。第一种是把时钟 U 带到位置 B 中的时钟 U' 处使其调整同步；或者我们用第二种方法，使用信号来调整时间。[196]

关于第一种方法：尽管可以在位置 B 同步时钟 U 和 U'，但不能确定的是，当 U 再次位于位置 A 时该规则是否仍然适用。总之，这个假设无法验证，因此，按照恩斯特·马赫的说法，它在自然科学中找不到自己存在的意义。为了说明第二种方法，我们做出以下设定：莱茵河上有三艘船，它们被命名为A、B和C，并组成拖船队。由于有雾，当我们需要对三艘船上的时钟进行校准时，使用了声音信号。在特定的时间，A将给出一个信号，于是B和C上的船员将他们的时钟设置为先前约定的时间。由于时钟必须非常精确的同步，因此还必须考虑信号行进这段路径所需的时间。为此，声源A与B和C位置之间的距离及音速必须为已知。通过这种方式，可以证明同一系统中三个时钟之间的相对同时性。[197]

没有一个时间单位是独立于它的参照系的，一个移动系统中的时钟所显示的时间与静止时钟上的不同，照片拼贴图

如果现在假设拖船队与三艘船 A、B 和 C 将在一条直线上匀速运动，这将使情况变得更加复杂。如果声音信号是从第一艘船 A 发出的，它必然比在静止状态下更早地传送到后面的两艘船 B 和 C，因为后面两艘船是向着信号方向开来的。因此，船员必须考虑到自己的速度。只有通过精确地确定它们对周围空间的速度，才能进行校正。然而，他们为此需要有一个参照物。如果没有绝对静止的以太，他们可以选择哪一个呢？

现在还有待验证的是，使用一个比声音移动得更快的信号，比如光束，是否可以帮助我们摆脱这一尴尬——当然不能是先验的。尽管光速极快，这降低了不准确性，但确定船舶自身速度的问题仍未得到解决。

爱因斯坦认为解决这个矛盾只有一条出路：为了给这几条船找到一个参照系统，我们必须把时间的概念建立在"光传播定律"[198]的基础上。因为在所有需要考虑时间定义的物理过程中，我们对光的研究是最充分的。正如我们所知，光在真空中的传播与光源和观察者的运动状态无关，这是物理研究所取得的确定结果。

如果光传播定律被赋予这样一个中心地位，那么该定律与伽利略变换方程的不相容性就变得更加明显。爱因斯坦的论述解决了这一矛盾，因为它们已经可以从火车/铁路路堤的例子中推导出来：不存在对所有惯性系都适用的绝对同时性。每个系统都有一个"本征时间"，它不同于相对于它产生运动之系统的时间。

如果放弃"绝对同时性"的概念，会产生什么结果呢？

让我们想象有两个杆（惯性系统Ⅰ和Ⅱ）。我们在第一根杆上装上一个时钟，第二根杆上任意装上多个时钟。下页图表明[199]，两个系统中的时钟在相对静止的状态下是同步的（图a）。相对于惯性系统Ⅱ，第一根杆（惯性系统Ⅰ）现在开始移动。就像从图b中看到那样，运动杆上的时钟会走得慢一些。在第三部分中（图c），该过程更加明显。相对于系统Ⅱ，系统Ⅰ移动得越快，运动系统上的时钟运行

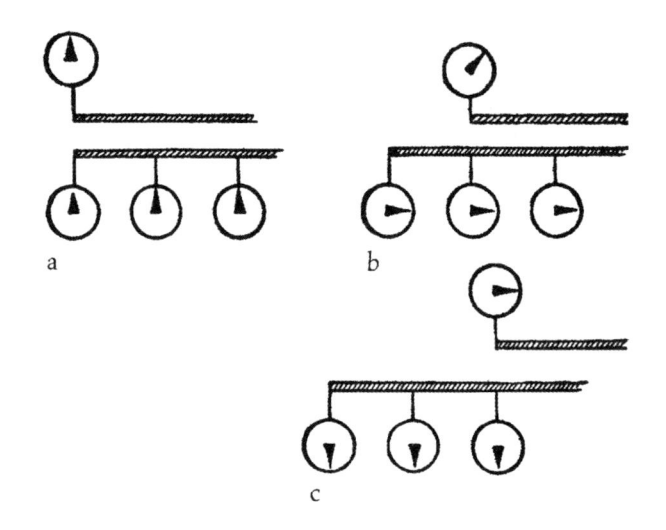

得就会越慢。当它达到光速时，系统 I 上的时钟就停止了。

与时间的相对性相伴随的就是空间的相对性。静止状态下杆的长度可以通过比较其两端与坐标系的标记来轻松确定。那么，当杆相对于坐标系产生移动时，该如何确定杆的长度呢？

假设在每根移动杆的两端坐着两个摄影师。两人想通过拍照来确定杆的长度。他们希望，杆的长度可以通过给杆两端重合的坐标系做标记的差异来加以确定。然而，这个行为将会失败，因为照相必须同时进行，而爱因斯坦揭示了这种同时性是一种相对的概念。

相对于坐标系（上图）[200]，杆的长度在移动方向上缩短了。与时间类似，它移动得越快，看起来就越短。当它达到光速的 90% 时，它就会缩减到之前长度的一半。

如图所示，同一根杆可能根据不同的参照系而具有不同的长度，这取决于它相对于该系统是进行直线匀速运动还是静止。我们要问现在哪一个才是"实际的长度"呢？如果它缩短了，那么带来这种变化的"原因"是什么呢？

马克斯·玻恩试图用一个例子来说明这个问题："当我从香肠上切下一片时，它可能或大或小，这取决于我下刀时的倾斜角度。将不同大小的香肠片当成'显性'的，而把垂直切割时产生的最小值当成是'实际'尺寸，这种做法是没有意义的。"[201]

就像切香肠时会根据刀切入角度的不同而产生不同大小的切片一样，一根杆也会因观察者的运动状态不同而变得更短或更长。因此，收缩情况完全取决于观察方式，或者更准确地说，取决于要测量的系统的运动状态。因此，关于收缩原因的因果关系问题，就像关于"实际"长度的问题一样不合时宜。

爱因斯坦的理论不是一个简单的结构，不是一个"恶的必然性"（malum necessarium），而是一个由无数实验所支持的物理定律。

对动力学的影响

狭义相对论最重要的结论之一是"质量和能量的等效性"。根据经典力学，有两个"物质概念"——惯性物质（质量）和无惯性能量。因此，每个物体都有一个静止质量，从而会抵抗任何速度的变化。物体的质量越大，它对速度变化的抵抗力就越强，反之亦然。在这种物理学中，初始速度与速度的变化无关。按照经典力学，一个物体无论是以每秒100米还是以每秒290000千米的初始速度被移动，对它施加的力总是相同的。

狭义相对论纠正了这一教条：当速度发生变化时，静止质量和"初始速度"都会起作用。根据爱因斯坦的理论，初始速度越大，为状态改变所施加的力就越大。在接近光速时，待移动物体（即其惯性质量）的阻力几乎变为无穷大。一旦它达到光速，它的速度就完全无法再提高了。普遍常数 c 就是上限。

由于能量也随着速度的增加而增加，因此质量和能量的比例是差不多的。爱因斯坦用公式 $E=mc^2$ 表达了质量和能量之间的关系（E 是能量，m 是与之对应的质量，c 是光速）。在一个封闭的系统中，质量可以以牺牲能量为代价而增加，反之亦然。例如，非常小的质量可以转化为非常大的能量，正如几十年后在核研究中所显示出的那样。

闵可夫斯基所说的时空连续体

"空间是一个三维连续体。这意味着可以用三个数字（坐标）x, y, z来描述（静止）点的位置，并且存在与每个点对应的'相邻点'，其位置可以由 x_1, y_1, z_1 这样的坐标值（坐标）来描述。因为后一种性质我们称之为'连续体'，因为坐标的三个数字，我们称之为'三维'。"[202] 在前相对论物理学中，时间在这个空间连续体中独立发挥作用，这一点最终被相对论予以否定。根据爱因斯坦的理论，在空间的三维性中增加了第四个维度：时间（t）。每个"个体事件"现在得由四个坐标 x, y, z, t 来描述。就像在空间连续体中一样，在时空的结合中，也有任意多的相邻事件，是一种"多样性"。"时空连续体"的数学形式的创造者赫尔曼·闵可夫斯基称之为"世界"。闵可夫斯基在关于"空间与时间"（1908年）的演讲中说，它充满无限的"世界点"，

赫尔曼·闵可夫斯基

任何地方都不应该留下"开裂的空隙"。

> 我们经常听到的一句话,"一切都是相对的"。这既是误导,也是缺乏思考的。因此,所谓的相对论也是基于某种绝对的东西,即对时空连续体的测度规定。
>
> ——马克斯·普朗克

对爱因斯坦来说,时空连续体的意义不仅在于空间和时间就自身而言"完全可以无视,只在一种结合的形式下保留二者的独立性"[203](闵可夫斯基),而且还在于通过闵可夫斯基所说的"世界"而获得的清晰度中。重要的发现在于认识到,"相对论的四维时空连续体在其决定性的形式属性中显示出与欧几里得几何空间的三维连续体具有最深远的继承关系"。[204]

初获成功

爱因斯坦在苏黎世时就认识的工程师米歇尔·安

杰洛·贝索现在与他一起在专利局做审查员工作，他是爱因斯坦第一个与之分享发现的人。贝索受过多方面的良好教育，是一个有批判眼光的倾听者。"我在整个欧洲都找不到一个更好的回声板"[205]，爱因斯坦谈到他与贝索的谈话时这样说，他们经常从专利局下班后一起回家。

爱因斯坦又把他的文稿交给了他的第二位同事阅读——苏黎世联邦理工学院前首席助理约瑟夫·绍特。绍特自1898年以来一直是专利局的技术专家。"整整一个月，我用各种可能的反对意见去拷问他，"绍特后来讲道，"他一点也没有变得不耐烦，直到我最终说服了自己，我的反对只是基于当时物理学中流行的偏见。"[206]

在其他信件中也提到了这一发现，"第四项工作体现在方案上，是在修正时空理论下的运动物体电动力学问题"[207]，爱因斯坦在给康拉德·哈比希特的信中写了这些内容。在另一封信中，他写道："我还在思考电动力学有关工作的后果。按照与麦克斯韦基本方程相关的相对性原理的要求，质量是物体内部能量的精确度量；光可以传输质量。镭的质量应该会明显下降。这个想法有趣而迷人。但我不知道上帝是否会嘲笑这个想法并牵着我的鼻子走。"[208]渐渐地，有一些客人来拜访这位奇怪的职员。1907年，雅各布·约翰·劳布（Jakob Johann Laub）来访。劳布在维尔茨堡跟随威廉·维恩（Wilheim Wien）教授就读博士期间举行了一次关于狭义相对论的报告会。在随后的讨论中出现了一些模棱两可的地方，于是维恩建议他的博士生去伯尔尼拜访一下爱因斯坦。劳布来拜访他时，爱因斯坦正跪在火炉前准备生火。年轻的物理学家之间迅速展开了富有成果的讨论。劳布是一位训练有素的数学家，正是他提醒爱因斯坦注意菲茨杰拉德与洛伦兹的收缩假说。

后来获得诺贝尔物理学奖的马克斯·冯·劳厄（Max von Laue）也想亲自见见爱因斯坦。"根据信件中的约定，我要到知识产权局去找他。在总接待室，一位职员告诉我应该再走到过道走廊去，爱因斯坦会在那里朝我走来。我也这样做了，但朝我走来的年轻人给我留下的印象出乎意料，以至于我认为他不可能就是相对论之父,所以我让他从我身边经过,直到他从接待室又走回来之后我们才相互认识……我记得,"劳厄继续说,"他递给我的雪茄烟太不合口味,于是我'不小心'把它从桥上扔进了阿雷河里……总之,在那次访问中,我对相对论的理解有了些新收获。"[209]

除了这些成功,决定性的因素在于当时的大物理学家们接受了狭义相对论,最重要的是马克斯·普朗克。"他果断而热情地接受了相对论,这可能在很大程度上归功于这个理论如此迅速地在同行中得到了关注。普朗克是第一个根据相对论建立起质点运动方程的人。他进一步表明,最小效应原理在该理论中与经典力学中一样重要。此外,在对系统的动力学研究中,他根据相对论发展了能量和惯性质量的重要关系。"[210] 因此,普朗克和爱因斯坦之间很快就产生了频繁的科学通信来往。

在哥廷根,在赫尔曼·闵可夫斯基的圈子里讨论了这一新理论,狭义相对论所引起的轰动不亚于在布雷斯劳的情况。一些重要的物理学家,如波兰人斯坦尼斯劳斯·洛里亚（Stanislaus Loria）、鲁道夫·拉登堡（Rudolf Ladenburg）和马克斯·玻恩都在奥托·卢默（Otto Lummer）和恩斯特·普林舍姆（Ernst Pringsheim）领导下的物理研究所工作。爱因斯坦的相对论以特别版的形式传阅，点燃了一场"相对论之火"[211]。

1908年9月12日，上文提到的赫尔曼·闵可夫斯基所做的关于"空间与时间"的演讲在科隆引起轰动。大约在同一时间，拉登堡在伯尔尼拜访了爱因斯坦，说服他参加1909年秋天在萨尔茨堡举行的自然科学家会议。爱因斯坦同意了，并做了一场关于"我们关于辐射的本质和结构的观点的发展"的演讲。沃尔夫冈·泡利（Wolfgang Pauli）等年轻的物理学家称这次演讲是理论物理学史上的里程碑。包括马克斯·玻恩、威廉·维恩、海因里希·鲁本斯（Heinrich Rubens）、阿诺德·索末菲（Arnold Sommerfeld）等物理学界最重要的代表都来到了现场，就为了亲自与爱因斯坦会面。

第 5 章

量子之谜

"为什么人们总是对我的相对论喋喋不休？我还搞出了其他有用的东西，也许还更好呢。"[212] 专业人士知道这一点。1922 年，爱因斯坦被授予诺贝尔物理学奖，但这并不是因为他的相对论，而是因为他在量子理论发展中起到的引领作用。在 1905 年这一新物理时代的诞生之年，爱因斯坦发表了一些论文，我们已经提到过，这些论文在他的科学中引发了一场范式转变（托马斯·S.库恩）。

原子

在德谟克利特、伊壁鸠鲁和卢克莱修的时代过去两千年之后，爱因斯坦于 1905 年将目光再次投向了当时最小的宇宙单位——原子。溶解在液体中的小颗粒进行的是一种神秘的运动（布朗运动）。来自四面八方的液体小颗粒，即分子（或原子）不规则地，或者说以统计学的方式碰撞在一起，形成运动。爱因斯坦能够证明小粒子的运动与分子大小之间的数学关系。分子或原子的统计运动以前已经被路德维希·玻尔兹曼（Ludwig Boltzmann）等人认定为热能。"然而，我的主要目标是找到事实，尽可能确认一定大小的原子的存在……这一观察与经验的一致性及普朗克根据辐射定律确定的真实分子大小……说服了当时众多的怀疑论者（奥斯特瓦尔德、马赫），让他们确定了原子的真实性。"[213] 爱因斯坦的理论在 1908 年得到了让·皮兰（Jean Perrin）的实验证实。

普朗克自然常数

在马克斯·普朗克的一部现在非常著名、当时（1900 年）却不受重视的论文中，他论述了"黑体"

的电磁辐射问题。当铁被加热时，我们可以看到它的颜色会随着温度的升高而变化：先是被烧成红色，然后是橙色，之后是黄色，最后会变成白色。早在19世纪就有人提出问题，这样一个被加热的物体发出的辐射量与波长和温度之间存在着什么关系？普朗克以辐射定律作为回应。该定律形象地展示出令人激动的过程：在辐射过程中发射的能量不是连续性增长的，而是间歇性、不连续的。构成辐射的离散粒子被称为量子。一个量子有一个能量值，用他的辐射定律表示为：$\varepsilon = h \cdot \nu$（$\nu$ 表示频率，即波每秒振荡的次数）。而 h 是什么意思呢？它是普朗克作用量子的符号：在每次辐射中，h 是发射的能量与频率的比率，是一个自然常数，这在 20 世纪已经成为物理学中一个稳定的知识体系。

马克斯·普朗克，拍摄于 1913 年前后

"普朗克的常数 h 打开了通向一个全新物理世界的大门——通向原子的微观宇宙。在不知道自己在做什么的情况下，普朗克向着新世界迈出了一步。然后他停了下来，仿佛扎根在了原地。……唯一继续向前推进的是阿尔伯特·爱因斯坦。这就是为什么在我们看来，他比普朗克更值得获得'新大陆发现者'的称号（物理史学家阿明·赫尔曼的评价）。"[214]

爱因斯坦的贡献

对光的探索是西方思想和实验中最迷人的冒险之一。在此应该强调的是以下方面。

光子 爱因斯坦将量子现象与所有形式的辐射联系起来：光、热和 X 射线。当光束击中金属板时，最小的粒子，也就是电子会逸出。这种现象不能用传统的光的波动理论来解释。因此，爱因斯坦提出对光的假说，它也许是由粒子组成的，他称这些粒子为"光子"。它们不是连续地作用于金属表面，而是作为光量子不连续地输出。它们的大小比例可以用普朗克的作用量子去描述。

光电效应 1903年，实验物理学家菲利普·莱纳德（Philipp Lenard）精心实施了对光电效应的研究。从实验结果之一来看，他发现发射出的电子的能量随着辐射频率的增强而增加。被击出的电子的动能仅与光源的颜色（即其频率）相关，而与其强度无关；在紫外光量子的情况下，电子动能最强，红色则最弱。这种光电效应在20世纪20年代被美国物理学家罗伯特·安德鲁·密立根（Robert Andrews Millikan）的实验证实。

二象性 斯蒂芬·威廉·霍金（Stephen William Hawking）说："在量子力学中存在……波和粒子的二象性：为了某些目的，将粒子视为波是有用的，为了其他目的，将波视为粒子更有利。"[215]爱因斯坦关于光的双重性质的假设是艾萨克·牛顿和克里斯蒂安·惠更斯（Christian Huygens）观点的综合，牛顿赞成粒子理论，而惠更斯则主张后来经常被证实的波理论。普朗克的作用量子和光的二象性随后被理解为自然的固有法则。

爱因斯坦的质疑

爱因斯坦关于光量子现象的工作在早期几乎没有受到关注,就连马克斯·普朗克也持保留态度。只有在马克斯·玻恩、尼尔斯·玻尔、埃尔温·薛定谔(Erwin Schrödinger)、路易斯·维克多·德布罗意(Louis Victor Prince de Broglie)、沃纳·海森堡(Werner Heisenberg)、保罗·阿德里安·莫里斯·狄拉克(Paul Adrien Maurice Dirac)这些伟大的量子理论家眼中,爱因斯坦的早期工作才得到赞赏,得以进一步的发展。1913年,玻尔的原子模型为量子物理学提供了强大的新动力,爱因斯坦对此非常重视。三年后,关于辐射的吸收和发送的"一束辉煌亮光"[216]照在他本人身上。他向柏林的德国物理学会提交了《光化当量定律的热力学推导》[217]。他的光量子假说随后对激光技术产生了成功的影响,这一领域的专家认为爱因斯坦是其先驱[查尔斯·哈德·汤斯(Charles Hard Townes)在1964年诺贝尔物理学奖获奖演说中致敬了爱因斯坦的贡献]。

光电效应也成为与光电池相关的现代技术的基础之一。"当然，即使爱因斯坦没有成为相对论世界观的创造者，他也会成为科学史上最伟大的物理学家之一。他在热运动问题、光的量子理论和固体的比热方面的工作是自然科学进一步发展的基础。"[218] 这篇由弗里德里希·赫纳克（Friedrich Herneck）撰写的致敬文章高度赞扬了爱因斯坦智慧人生成就中的重要组成部分。科学史上的第二个相关事实在于他二十多年来对他自己参与创立的理论所持的批判态度。这种态度让人可以从中看到他独特的思想结构（海森堡）。

爱因斯坦与尼尔斯·玻尔在1927年第五届索尔维会议上的争论是量子物理学发展史上的一个重要阶段。玻尔能够说服所有参加布鲁塞尔会议的学者接受他的论点，唯有爱因斯坦除外。九年后，他与内森·罗森（Nathan Rosen）和鲍里斯·波多尔斯基（Boris Podolsky）一起撰写了一篇对当时的量子理论进行批判的文章。[219] 玻尔的回应是：有必要最终放弃经典的因果模式，他和他的同事们对量子理论的哥本哈根解释是唯一有意义和有可能的解释。

那么,爱因斯坦质疑的原因在哪里呢?他提到了海森堡的测不准原理:要确定粒子的未来位置和速度,就必须准确地知道它现在的位置和速度。然而:"人们测量粒子的位置越精确,测量它的速度就越不能精确,反之亦然。海森堡证明了,粒子位置、速度、质量的不确定性从来都不会低于一个特定的值:普朗克常数。这个临界值不取决于人如何去测量粒子的位置或速度,也不取决于粒子的类型。海森堡的测不准原理(也称不确定性原理)是一个基本的、不可回避的属性。(它)对我们的世界观有深远的影响。……它不可避免地将……不可预测性或随机性的元素引入科学之中。"[220]在写给保罗·埃伦费斯特的信中,爱因斯坦写道:"海森堡已经下了一个伟大的量子之蛋。①在哥廷根,他们相信它(而我除外)。"[221]

很多爱因斯坦的名言都来自关于量子理论的讨论:"上帝不会掷骰子"又或是"自然界无跳跃"[222]。

---

① 指费尽心思,研究琢磨出某种事情。

这些是其精神存在的原则，不仅适用于其物理思想的各个部分，还具有深刻的宗教性、自然哲学信念的特征。尽管有经验数据，他也不能为了得到一种非决定论的观点，就像尼尔斯·玻尔所推荐的那样放弃因果模型——爱因斯坦把自己算在艾萨克·牛顿的门徒群体之中，也许是他的最后一个弟子。在他的论文《牛顿力学及其对理论物理学发展的影响》中，我们可以读到，他认为牛顿的物理学"可以被理解为牛顿思想的有机延续。但是，当时场论发展得如火如荼，热辐射、光谱、放射性等事实揭示了整个思想体系可用性的局限。在我们今天看来，尽管它取得了巨大的成功，但在个别情况下看来是无以为继的。许多物理学家手中不乏有力论据，他们根据这些事实否认的不仅有微分定律，而且还有因果关系定律，后者是迄今所有自然科学的最后一个基本假设。……当今有谁会如此冒昧地做出决定，是否一定要彻底放弃因果定律和微分定律，放弃这些牛顿式观察自然的最后前提？"[223]

对于量子理论的正确性，爱因斯坦没有提出质疑。然而，对于这种理论自我声称可以代表所有物理学的基础，他表示反对。"在这一理论成功的基础上，他们认为，从原则上讲，理论意义上对系统的完整描述只涉及在此系统上可测量的数量，这是统计学上已经得到证明的。"[224] 几乎所有的当代理论物理学家都认为，"海森堡的不确定性原理（预判了）所有可以想象的合理物理理论的性质"[225]。他们的数学形式对爱因斯坦来讲是已经得到证明的，但量子理论仅仅以逻辑的结果形式蕴含于每一种未来可利用的理论中。[226] 由此，根据他的观点，在未来的物理学框架中，量子理论会占据一个类似于统计力学在经典物理学中的地位。[227] 物理学中的"或然性之谜与真实概念之背离"[228] 在爱因斯坦看来是难以忍受的。对于他来说，外部世界是由严格的规律性决定的，甚至从根本上说是自然研究的前提，因此，作为一种对自然的不完整描述，量子理论不能要求由它来代表这个基础。[229]

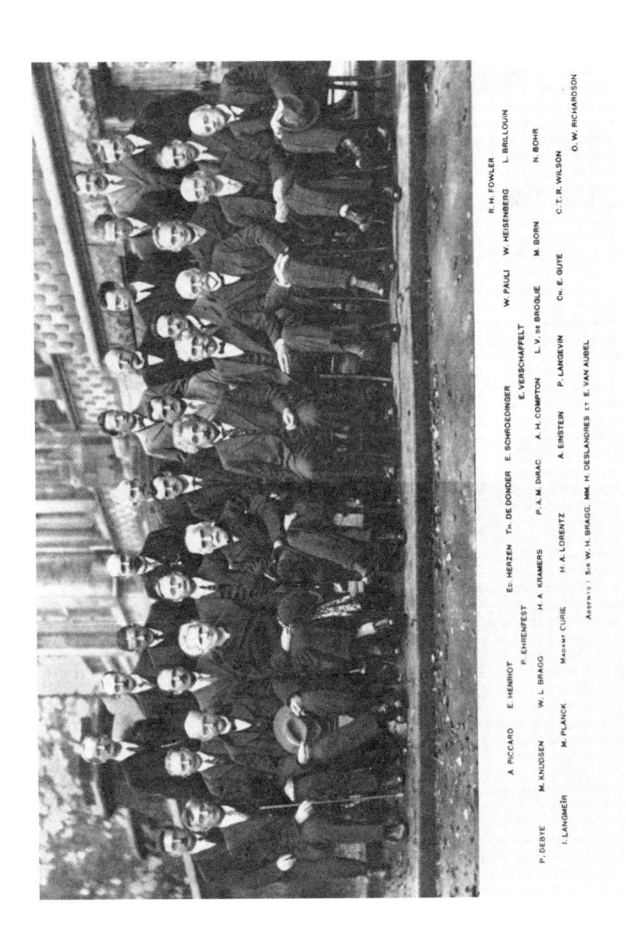

1927年在布鲁塞尔召开的索尔维会议

A. PICCARD E. HENRIOT Ed. HERZEN Th. DE DONDER E. SCHROEDINGER   E. VERSCHAFFELT W. PAULI W. HEISENBERG R. H. FOWLER L. BRILLOUIN
M. KNUDSEN W. L. BRAGG H. A. KRAMERS P. A. M. DIRAC A. H. COMPTON L. V. de BROGLIE M. BORN N. BOHR
P. DEBYE M. PLANCK Madame CURIE H. A. LORENTZ A. EINSTEIN P. LANGEVIN Ch. E. GUYE C. T. R. WILSON O. W. RICHARDSON
I. LANGMUIR P. EHRENFEST

Absents: Sir W. H. BRAGG, MM. H. DESLANDRES et E. VAN AUBEL

> 上帝绝不会创造一个这样的宇宙，即必须在任何时刻偶然地决定每个粒子的行为。爱因斯坦，当然不能证明这一点，他的信念依赖于信仰、个人感觉和直觉，这对一些人来说似乎很天真。但这深深植根于他，虽然他的身体直觉也不是万无一失的，但在任何情况下都为他服务得很好。
>
> ——巴涅希·霍夫曼（Banesh Hoffmann）

如果在一个复杂的自然现象中所需考虑的变量太大，那么科学方法通常会让人失望。例如天气预报，爱因斯坦提醒我们，即使只是预测几天内的天气，也不可能总能得到可靠的预报。然而，天气现象背后也有因果关系作为基础。当我们看到令人困惑的情境时，这并不是缺乏秩序和规律的问题，而是因为涉及许多我们不知道的因素。对爱因斯坦来说，量子理论只是一个与当时知识水平有关的问题。他举了生物学的例子，生物学的研究尚未达到与物理学相同的程度。然而，它也已经有了"确凿的必要性"[230]。生物学所缺乏的只是"对深层一般联系的把握，而不是关于秩序本身的知识"[231]。

第 6 章

大学教授

瑞士

在物理学界众所周知,爱因斯坦于 1908—1909 年冬季学期在伯尔尼大学获得了博士授课资格。他开设了一门关于辐射理论的课程。但这位先知在他自己的国家里并不受重视,只有三名学生和专利局的同事米歇尔·贝索坐在他的讲堂里,几周以后甚至就只留下了一名听众。然而,与此同时,苏黎世大学却开始注意到了爱因斯坦。这所大学派阿尔弗雷德·克莱纳教授去了趟伯尔尼,他去听了自己从前那位博士生的授课并认为,那并不是一堂"有多么了不起的课"。[232]

然而，爱因斯坦于 1909 年 2 月被邀请到苏黎世给"物理学会"作一场报告。然后，他告诉邀请他前往苏黎世的赞助者埃拉特家族成员们说："现在真的很有可能让我们可以常常在苏黎世舒适地聚在一起，因为周五和我在一起的那个尊贵的克莱纳非常大度地表示对我的'考试'取得了成功，并暗示接下来可能会有进一步的动作。要不是我为了挣这笔该死的钱而被迫留在这里的话，可能会有些别的事，看来也许是明年秋天……"[233]

爱因斯坦现在可以向伯尔尼专利局提交辞呈了，

伯尔尼大学，明信片

他在那里已经待了七年多了。当他告诉哈勒局长说他今后将致力于科学任务并在苏黎世担任大学教授时，据说哈勒冲着他大喊大叫起来："这不是真的，爱因斯坦先生，我可不相信你说的话。这真是一个糟糕的笑话！"[234]

1909年5月7日，瑞士联邦委员会决定给阿尔伯特·爱因斯坦一个理论物理学编外教席。克莱纳最初提名把这个教席给他的助手弗里德里希·阿德勒（Friedrich Adler）博士，但阿德勒拒绝了这个提名，理由是爱因斯坦才是更合适的候选人。克莱纳之后在任命报告中称赞了这位年轻的研究者："爱因斯坦是当前最重要的理论物理学家之一，他在相对论原理方面的工作得到了相当普遍的认可。他早期关于气体理论和内耗（布朗运动，胶体）的工作现在也得到了认可。其工作的突出之处在于其在总结和追寻思想轨迹的活动中展示出的非同寻常的敏锐性，以及细致入微的深度。同样值得注意的是其风格的清晰和精确，他在多种关系中创造出一种独特的语言，这是一个30岁男人独立和成熟的明显标志。从他的著作中可以看出对真理的不懈追求……"[235]

爱因斯坦于1909年秋天开始在苏黎世大学任教。他的年薪是4500法郎，此外还有课时津贴。从财务角度来看，搬到苏黎世并不划算，吸引爱因斯坦的是在那里从事科学活动有好的前景。爱因斯坦夫妇和他们当时年仅5岁的儿子汉斯·阿尔伯特住在穆森大街12号。"我非常喜欢这份新职业，[236]"爱因斯坦在写给来自维尔茨堡的年轻同事劳布的信中说，"我们研究所的所长克莱纳教授是一个非常可爱的人。他像朋友一样对待我，不刁难我。"[237]

碰巧的是，爱因斯坦的公寓正位于弗里德里希·阿德勒上方，正是后者给前者让出了他的教席。当两位物理学家想要安安静静地讨论他们的科学问题时，就可以在同一个屋顶下的房间里见面。在此期间，爱因斯坦家的房间显得越发局促了，因为这对夫妇在1910年7月28日"得到了一个小男孩"[238]。

弗里德里希·阿德勒既是一位卓越的物理学家，也是一位非凡的人物。他是奥地利社会民主党创始人维克多·阿德勒（Victor Adler）的儿子，非常热衷于政治。当他被任命为苏黎世的社会民主党报纸《民权报》的主编时，爱因斯坦建议他要慎重："请您再耐心点！您以后一定会成为我在苏黎世的继任者！"[239] 但阿德勒转向了政治，先是成了一名编辑，并于1912年参选奥地利社会民主党书记。四年后，他刺杀了奥地利总理施蒂尔克伯爵（Graf Stürgkh）。爱因斯坦参与了法庭听证会，他请求维也纳地区法院允许他在法庭上就阿德勒的优秀个性作证，但他的努力没有取得成功。然而，他被允许与被拘禁者保持长期通信。1917年，阿德勒先是被判处死刑，然后又获得赦免，改为监禁。相对论在此扮演了一个相当奇特的角色：是否宽恕囚犯的生命，这完全取决于是否符合奥皇的利益。然而，这与弗里德里希·阿德勒本人的意愿无关，而是因为他的父亲作为社会民主党领袖在政治异见者中享有崇高的社会声望。法院想要证明弗里德里希·阿德勒是在精神错乱的状态下才采取的暗杀行为。为此，这位年轻的物理学家在牢房里写的一份材料被送给精神病学家和物理学家征求意见。在这篇论文中，阿德勒提出了许多反对相对论的论点。虽然正如物理学家菲利普·弗兰克（Philipp Frank）所写的，他的整个思维过程完全正常，但他的论点是错误的。专家们给他开具的证明认为该囚犯患有精神错乱的病症，这对阿德勒而言在一定程度上可以说是幸运之神的眷顾。1918—1919年的政治动荡最终给他带来了自由。

爱因斯坦与博学的刑法学教授海因里希·仓格尔（Heinrich Zangger）、历史学家阿尔弗雷德·斯特恩及他在苏黎世联邦理工学院的老师阿道夫·胡尔维茨的交往更是令他感到幸福。朋友们定期见面，讨论新发表的物理论文，然后一起演奏音乐。

作为一名讲师，爱因斯坦在苏黎世取得了进步。在伯尔尼期间，"真的未曾如此幸福地读书，部分原因在于我那时没有做好充分的准备，部分原因是我对自己的状态还感到些许的紧张不安，对如何进入研究工作并找到事物的变化规律没有把握"。[240]

阿尔弗雷德·克莱纳也谨慎地表达了自己的观点："对作为讲师的爱因斯坦可能还不能下最终的评

判意见。无论如何，就内容而言，他在听众面前表现出的思想敏锐性和履责的诚实意愿使得他的课程内容能凸显出清晰度和有序性，能让听众保持专注。这些课程会有多么令人难忘，这位讲师不仅会在多大程度上将其思想深入人心，而且能让人不单单停留在他说出的话本身，这还有待于对后续发展的观察。我确信，爱因斯坦博士作为一名讲师也会大有成就，因为他太聪明、太认真了，一般性的教学活动对他来说实在是牛刀小试。"[241]

事实也是如此。爱因斯坦证明了他的学习能力。"我在职业生涯中经历了很多快乐和成功。"[242] 与在伯尔尼时不同，他花了很多时间来备课。通常来说，还是只有少数听众会报名参加爱因斯坦的课程，这使他能够更自由地授课。"我和我的学生们很亲密，希望能给一些人带来启发。"[243] 他的听众之一非常生动地描述了他实际上有多么平易近人。"他的西服有点破旧，裤子太短，戴着铁质表链，当他踏上讲台时我们还相当怀疑其能力。但讲完几句话以后，他就已经通过他独特的'授课'方式征服了我们矜持的心。"[244] 学生们可以随时打断他,向他提问,于是大家很快就不那么羞怯,活跃了起来。爱因斯坦本人一直会确保他讲的内容能被听众理解。在休息时间,他会接着做额外的解答工作,可能发生这样的情形——他把胳膊伸到提问学生的胳膊下面,耐心地试图解释任何不清楚的地方。他向每个人展示出的善意,他清晰而真诚的语言,以及时不时蹦出的一两句俏皮话,都让他赢得了学生们的好感。

"他携带的讲稿不过是一张名片大小的小纸片,在上面草草勾画出他想和我们一起分享的事情。他肯定是从自己的内心出发去说出心中的一切,所以我们能够直接了解他的工作技巧。因此……我们可以看到科学结果常常是如何以奇特的方式出现的。每一次讲座给我们留下的印象就是,我们自己也可以马上就来讲上一讲。"[245]

汉斯·坦纳(Hans Tanner)讲到了一次典型的经历。"我们坐在贝尔维尤广场的一家咖啡馆里聊天,一直聊到打烊。关上大门时,爱因斯坦建议道:'还有人和我一起回家吗?今天早上我收到了普朗克的一篇论文，里面肯定有个错误。我们还可以一起读读它……'在他的公寓里，他给我们分发了普朗克的论文，让我们好好研究下：'在我给你们煮咖啡的时候，你们就去找找那个错误在哪！'于是我们雄心勃勃，认真地翻阅那篇论文。一刻钟后，主人带着热气腾腾的摩卡咖啡回来了：'好吧，你们发现错误了吗？'我们说：'您一定是搞错了，教授！里面没有错误。''噢，不，是有错误的。'"[246] 然后他就向他们解释了错误隐藏在什么地方。"5分钟后，我们抱住自己的头：我们怎么会这么愚蠢，我们竟然没有找出错误的根源！"[247] 当学生们想写信给柏林的马克斯·普朗克说他犯了一个错误时，爱因斯坦又阻止了他们："他的结果是对的，只不过证明是错的。我们只需要写信告诉他正确的证明应该是怎样的即可，毕竟最重要的是内容。"[248] 坦纳的结论是："我相信，爱因斯坦作为一名科学家的伟大之处始终在于：他能够不受任何传统约束地处理各种问题，这不是因为他喜欢批评别人，而是出于理解一切和看清一切的个人需要。"[249]

爱因斯坦在关照提携年轻科学家方面的表现堪称楷模。他没有像当时的常规那样，从他自己研究的领域中给他的博士生分配一篇论文，而是建议这位年轻的求教者优先选择一份不同的主题："我想你可以试一试。我相信你一定会弄出点有趣的东西来！"[250] 当这位年轻的物理学家后来遇到困难时，爱因斯坦会建议说："到我家来啊！你早点来就好了嘛！有时只是卡在一点小问题上，我可能马上就能告诉你问题所在啊。"[251]

爱因斯坦在布拉格教席的继任者菲利普·弗兰克则对他的教学有着不同的判断。他认为爱因斯坦作为教师的品质及他与学生的关系"以一种非常奇怪的方式自相矛盾"[252]。"这么多年轻人重复着老师说过的一切，这对许多大学教师来说是自己个性的反映，是对教师个性的成倍凸显。这种人性的弱点对教师行为来说虽然会有好的方面，但它常常使得教师自我奉献于他的任务，可能是无私的，甚至是自我牺牲式的……爱因斯坦没有这种虚荣心，他的个性不需要这种凸显，因此他不准备为此做出这么多的牺牲。"[253] 结果是，爱因斯坦的课程质量波动起伏很大。如果他对某个主题感兴趣，他的演讲就可以让"听众被迷住，他报告的魅力就在于那非同寻常的自然生动……他努力使每件事都以最简单的逻辑形式进行"[254]。但他觉得自己不得不定期授课，这就很麻烦。当爱因斯坦对某个问题不太感兴趣时，听众就会感到爱因斯坦"只是简单地在课堂上列举一部好书，以此解决这个困难，这显得太过于艺术化。但对他来说，也不可能把如此多的精力投入于此，让演讲从头到尾都充满自己的精神。这就是为什么他的课程质量总是参差不齐"。[255]

为了让这位科学家老师的形象更加丰满，还需要附上一则轶事。利奥波德·因菲尔德讲到爱因斯坦在他最后的工作地点——普林斯顿——的一次讨论活动，他几乎忍不住要对这位当时最著名的科学家笑出声来："爱因斯坦和意大利数学家图利奥·列维－齐维塔（Tullio Levi-Cività）指着黑板上的公式，都操着他们自以为是英语的语言来讨论。辩论越来越激烈，列维－齐维塔心浮气躁，对着爱因斯坦指手画脚。而后者还是心平气和地说话,每隔几秒就把他那麻袋一样的裤子往上提一提。"[256]

布拉格

随着李皮奇(Lippich)的离开,布拉格大学理论物理学的教席空缺了出来。在格奥尔格·皮克(Georg Pick)和安东·兰帕(Anton Lampa)的提议下,爱因斯坦被纳入考虑人选的范围。兰帕是马赫的学生和狂热的崇拜者,他希望他老师的精神传统得以延续。他认识的人之中似乎只有两人会传承老师的衣钵,第一个是来自布尔诺的古斯塔夫·焦曼(Gustav Jaumann)教授,第二个是爱因斯坦。至于科学成就,爱因斯坦则受到布拉格任命委员会和奥匈帝国教育部的青睐更多。他于1911年接到任命并予以接受。这是这位32岁的物理学家的第一个正式教授职位。马克斯·普朗克在他的专家鉴定意见中不吝赞誉之词,强烈推荐他。普朗克认为爱因斯坦以他的相对论实现了科学的剧变,只有哥白尼世界观的引入可堪与之相提并论。

爱因斯坦的公寓位于伏尔塔瓦河附近不太豪华的斯米乔夫街区，他可以步行到达他的学校。"布拉格这座城市……非常美妙"[257]，在给瑞士朋友的信中他这样写道。

爱因斯坦可能不清楚布拉格大学的细节情况，也不知道它面临的困难有多大。作为中欧最古老的大学，它拥有非常好的科学声誉，但它的地理位置决定了它越来越深地陷入多瑙河君主制多民族国家的政治争端中。因此，在1888年，当局决定将大学划分为德语区和捷克语区两个部分，从那时起，

布拉格，背景是圣维特大教堂，前面是伏尔塔瓦河上的查理大桥。石版画，1925年

两部分围绕老布拉格大学的合法继承权问题进行了斗争。两所大学的教授在传统上就相互蔑视,爱因斯坦对此完全不能理解。更倾向于民族主义的德国教授们最初认为可以把爱因斯坦算作自己人。然而,他们越来越多地注意到,爱因斯坦并不会全心全意地参与社会或官方生活,这让他们感到不快。

在这里,特别是来自布拉格当局的第一个要求可能就对爱因斯坦的幽默感提出了考验。他不得不为宣誓仪式购买一套镶着金丝带的昂贵制服,在头上戴上三角帽,并把自己裹在一件非常温暖的黑色外套里。他还需要按规定折断一支剑——"像一名巴西海军上将一样"。[258] 于是,他终于成了一名全职教授,而且据他自己说,非常不情愿地成了一名奥地利公民。布拉格的知识分子们在一家封建味儿十足的旅馆里为他举办了欢迎仪式。爱因斯坦穿着蓝色的工作服就来了,以至于服务人员还以为他是他们望眼欲穿地盼来的电线修理工呢!这是各方彻底相互误解的明证。

对沉浸于君主制思想的上流社会来说,把爱因斯坦的妻子米列娃划入哪个圈子似乎也是个大问题。塞尔维亚出身的她不适合被归入教授夫人的圈子，一方面是因为她们毫不掩饰对斯拉夫人的鄙视，另一方面也是因为米列娃自己很难去适应她们。"毫无疑问，爱因斯坦总是被他的同事们视为一个怪人，这还是客气点的说法。"[259] 前文提到的菲利普·弗兰克，也就是爱因斯坦在布拉格的继任者讲到过，他刚到这里时，院长就告诉他："哦，您就是理论物理学新来的教授吧。在您的专业领域，我们只要求您做到一件事：做一个基本正常的人。"弗兰克惊讶地问："难道这在理论物理学家中相当罕见吗？"院长回答说："您可别试图说服我，说你的前任是一个'正常人'。"[260]

> 这种早期的不相信任何权威的态度从来没有在他身上发生过改变，这具有决定性的意义。因为只有以这种态度才能发展出思想的强大独立性，赋予他质疑普遍认可的科学信念的勇气，从而实现物理学的革命。
>
> ——巴涅希·霍夫曼

在爱因斯坦写给在伯尔尼和苏黎世的老朋友的信中也反映出这种有些许压抑的气氛。他向朋友们抱怨说："这里的生活也不如在瑞士那样令人愉快，更不用说我们在这里算是异乡人。这里的水必须要烧开了才能喝。绝大部分居民都不会德语，对德国人充满敌意。这里的大学生也不如瑞士的学生那般聪明和努力。"[261] 他只指导了十几个学生。在布拉格的三个学期，他只参与了两次博士考试，考生们表现平庸，甚至可以说相当糟糕。

在此还应该再着重提及两件事：爱因斯坦不仅继续苦苦思索之前的量子之谜，而且更多地考虑如何使相对论推而广之。"我非常勤奋地工作，但并不完全成功，"他在 1911 年 10 月告诉约翰·雅各布·劳布，"几乎所有我能想得到的，都一次又一次地被我放弃掉了。"[262] 第二件事是他在 1911 年接受了布鲁塞尔会议的邀请。该会议由富有影响力的化学家瓦尔特·能斯特（Walther Nernst）发起，比利时实业家欧内斯特·索尔维（Ernest Solvay）资助，18 位著名物理学家在此会面，报告和讨论科学的基本问题。尽管爱因斯坦对这次会议的评价是："我几乎没有听到任何我不知道的东西，这对我来说没有什么挑战。"[263] 但其他学者在第一届索尔维会议上大开眼界。尼尔斯·玻尔和路易斯·维克多·普林斯·德布罗意当时还是年轻的物理学家，他们从阅读大会报告中获得了对未来物理学趋势的方向性启发。

对爱因斯坦来说，这些日子更多地具有非正式的意义：他得以与杰出的物理学家们交上朋友，如玛丽·居里、亨利·庞加莱、保罗·朗之万（Paul Langevin）、欧内斯特·卢瑟福（Ernest Rutherford）和亨德里克·安东·洛伦兹。他的这些新关系可能对他的学术生涯产生了积极影响。事实上，人们私下讨论了让爱因斯坦此时回到瑞士苏黎世联邦理工学院的可能性，该学院享有比大学更好的科学声誉。苏黎世的人知道爱因斯坦在布拉格过得并不如意。此外，有人从荷兰乌得勒支打电话给爱因斯坦，还有传言说维也纳大学正试图争取他。为了抢得先机，苏黎世方面还努力为爱因斯坦提供教授职位。

在另一个方面，布拉格对爱因斯坦来说是其发展中的一个重要节点。当时,这个城市中有一群犹太公民,他们尤其致力于维护艺术、文学和哲学。受其领导人雨果·伯格曼(Hugo Bergmann)世界观的影响,这些上层知识分子的思想近乎犹太复国主义(这是一种犹太教的民族主义)。尽管进行了广泛的对话,但伯格曼当时并没有成功地将爱因斯坦拉入犹太复国主义的圈子,尽管后者后来充满热忱地为他的犹太同胞奔走呼号。在这个圈子里,爱因斯坦还见到了马克斯·布罗德(Max Brod)。在布拉格经常有人说,布罗德的《第谷·布拉赫走向上帝之路》中开普勒的形象源于作者对于爱因斯坦的印象。弗兰克说,作家的文字比科学家的描述更令人印象深刻,并引述了布罗德描写开普勒的部分内容,这些文字与爱因斯坦的基本特点极其相似:"尽管第谷的心中掀起狂风暴雨,他还是小心翼翼地尽力维持着对于开普勒的纯洁感情……事实上,他真的并不羡慕开普勒的成功。开普勒成名的方式顺理成章,无可指摘,同时也相当体面,有时会让他心中激起某种近乎嫉妒的情感。然而,开普勒更多的是给他带来一种恐怖的感觉。他平静地工作,对奉承者的应和完全充耳不闻,这对第谷来说是一种非人的、不可理喻的麻木,就像是从遥远的冰雪之地刮来的寒风……这就是开普勒。他没有心。也正因为如此,他在这个世界上无所畏惧。他没有感觉,没有爱。因此,他当然也不会产生感觉上的错乱。"[264]

第谷将开普勒描述为一个"阴谋家",一个没有心、没有感情的家伙,这种刻画是出于对开普勒那种泰然自若的愤怒。因为第谷看到开普勒从不追求某种明确的目的,他在科学之外的所作所为都是出于某种无意识。与所有其他历史上得到证实的有关爱因斯坦的文献不同,布罗德的描述让我们能够感受到,他的个性是多么容易在自己的周围时不时制造出敌意:"虽然仇恨之箭也射向我,"爱因斯坦说,"但他们从来没有击中过我,他们来自另一个世界,我与之无关。"[265]

从苏黎世到柏林

被苏黎世联邦理工学院接纳并非易事。爱因斯坦早在他的第一次尝试中就对此记忆深刻，当时还是 1895 年，他想在那里读大学。即使是现在，尽管爱因斯坦在专业人士中已经名声显赫，但还是必须向瑞士伯尔尼学校委员会主席提交他人的考察鉴定意见才能获得任命。玛丽·居里和亨利·庞加莱为他提交了鉴定意见，而马克斯·普朗克的话值得引用："通过物理世界观领域的原则改变所引起的变革，在广度和深度上可能只有那些因引入哥白尼世界体系而引起的变革可以与之相提并论。"[266] 有关当局认识到，在理论物理学领域，大学生们没能获取到最新的知识，没有其他人比爱因斯坦更符合条件来填补这一空白。他获得了十年任期。他的教学职责始于 1912 年 10 月 1 日，涵盖理论物理的全部领域。除了复习课之外，每周还要举行 10 个小时的其他活动。

在宫廷大街 116 号的公寓门口，还是那一帮老朋友按响了爱因斯坦住所的门铃。在书桌前，爱因斯坦思考着广义相对论的问题。但在苏黎世的时光并没有持续多久。早在 1913 年 11 月 30 日，爱因斯坦就向瑞士伯尔尼学校委员会主席提出离职。他希望在1914年夏季学期离开这里。普鲁士皇家科学院（即柏林科学院，简称科学院）向爱因斯坦伸出橄榄枝，召唤他到柏林去。这所建立于1700年的科学院是当时欧洲科学世界的高地。接受这所科学院的任命被认为是一种极大的荣誉，许多杰出的教授一生都希望得到它，却是徒劳无功。尽管一般来说，仅仅是成为这里的院士还不能保证维持生计，但由于有大型基金会的支持，其中的一些职位待遇

位于柏林的普鲁士皇家科学院，菩提树下大街。1914年之后的照片

确实是非常优渥,可以全职从事。现在,德国人想让爱因斯坦来享此殊荣,希望他的工作重点是在普鲁士皇家科学院和一家独立的威廉皇帝学会研究所中组织开展研究工作。根据他的头衔,爱因斯坦也可以担任柏林大学的教授,但他在那里没有授课的义务,只有开课的权利,次数多少随他所愿。柏林方面给这位瑞士物理学家开出的酬金达到12000马克。这些条件对爱因斯坦来说看上去更有诱惑力,因为他一直很厌烦履行定期讲课的义务。

马克斯·普朗克的亲密朋友关系可能是让爱因斯坦决定接受任命的最重要的因素。正是普朗克与瓦尔特·赫尔曼·能斯特、海因里希·鲁本斯和埃米尔·沃伯格(Emil Warburg)一起于1913年6月提交了如下申请:所有签名者都确信,爱因斯坦进入柏林科学院将被整个物理学界评判为科学院所能得到的一项特别宝贵的收益。1913年12月18日,在科学院《会议报道》中的一则启事里宣布了谈判的愉快结果:"皇帝陛下于11月12日颁布最高法令,确认推选瑞士苏黎世联邦理工学院理论物理学教授阿尔伯特·爱因斯坦博士为数学物理组别的院士。"[267]

于是，爱因斯坦接受了这根橄榄枝。他在感谢信中说："我非常感谢你们为我提供了一个在你们当中工作的职位，让我可以在无须履行职责的情况下致力于科学工作。每一个工作日都会让我显示出思维的弱点，每当我想到这一点，我都只能满怀忐忑地接受给我的高额奖赏。但一想到一个人可以把他所有的力量都奉献给一件有益的事，我就感到鼓舞，愿意接受这样的工作，而且觉得自己真的有能力做到这件事。"[268]

爱因斯坦于1914年4月搬到柏林。他此时35岁。正如他在苏黎世告知阿道夫·胡尔维茨的那样，与预期相反，他能够很好地适应柏林的生活——"只有一些与着装有关的操练之类的问题。为了不被当地人驱逐，我必须接受一些大叔们的命令，这有点儿扰乱了我心灵的平静"。[269]

在柏林科学院，爱因斯坦再次重复了他与早期所在的那些研究所的关系。"……他从来不是一个循规蹈矩的人。他的特立独行在各个方面都得以展示。"[270]鲁道夫·拉登堡曾在首都与爱因斯坦一起生活和工作,他说:"在柏林有两种类型的物理学家——爱因斯坦和其他所有别的物理学家。"[271]

在爱因斯坦看来,科学院更像是一个大剧院:"似乎大多数成员都将自己局限于如何展示文字上的华丽宏伟;除此以外,他们倒是相当人性化。"[272]然而,客观地说来,柏林当时是一个非常活跃的思想交汇之地,从1913年至1933年,世界上几乎找不到其他任何一个地方可与之媲美。这里有量子理论的创始人马克斯·普朗克、马克斯·冯·劳厄、

柏林的动员,1914年8月

沃尔特·赫尔曼·能斯特、詹姆斯·弗兰克和古斯塔夫·赫兹，还有奥托·哈恩（Otto Hahn）和他的同事莉泽·迈特纳，爱因斯坦称为"我们的居里夫人"[273]，后来还有为波动力学奠定基础的埃尔温·薛定谔。爱因斯坦积极地参加各种会议。反过来，他独特的思想启迪也为那些学术讨论带来了特别的魅力。

1914年8月第一次世界大战爆发时，爱因斯坦来到柏林还不到半年。他没有陷入德国人，特别是普鲁士人的那种狂热。"因为这种热情的喜悦在很大程度上是基于这样一种感觉，即个人现在可以不再为自己而活了。"[274] 然而，这样的需求始终是与爱因斯坦格格不入的。随着战争最初几个月的细节为人所知，随着德国入侵中立的比利时，随着被占领区人民的苦难昭之于世，世界上的文明国家都面临着这样一个问题："德国人的音乐如此受人热爱，他们的科学如此令人钦佩，但德国人怎么可以如此残酷，做出这些暴力的行为？"[275]

面对指责，德国的领导层要求知识分子代表公开的宣布他们认同德国的战争目标,于是就产生了臭名昭著的《九十三人宣言》(也称《告文明世界书》)。该宣言提出,德国文化和德国军国主义服务于同一种精神。这份宣言上没有爱因斯坦的签名。格奥尔格·弗雷德里希·尼古拉(Georg Friedrich Nicolai)写了一份反宣言(即后来的《告欧洲人书》),呼吁欧洲科学家运用他们所有的力量去迅速结束战争。作者本人、弗里德里希·威廉·福斯特(Friedrich Wilhelm Foerster)、奥托·别克(Otto Buek)和爱因斯坦是仅有的几位宣言签署人。作为爱因斯坦实现政治目标的第一步,三年后,也就是1917年,在尼古拉的《战争生物学》一书中公开发表了这一呼吁。

尽管战争最初几年的事件对许多德国学者来说可能感到困惑,但那些对爱因斯坦的科学工作几乎没有产生什么深远的影响。从1913年到1916年,他创立了广义相对论,并于1916年发表。

第 7 章

广义相对论

"万有引力"的问题

"在自由落体式下坠的电梯中,自然法则如何起作用?"[276] 要回答当年那个 16 岁少年提出的问题,"关键的想法"[277] 要追溯到 1911 年。在《关于引力对光传播的影响》这篇论文中,爱因斯坦(在 1911 年的《物理学杂志》上)发表了他开始成形的思想。

狭义相对论的所有陈述仅对具有匀速直线运动状态特征的坐标系有效。爱因斯坦问道:"自然与我们所引入的坐标系及其运动状态有什么关系呢?如果对自然的描述有必要使用我们任意引入的坐标系,那么其运动状态的选择不应受到任何限制。"[278] 对于时空连续体的更多扩展单元，甚至对于整个世界而言，是否存在惯性系统？这个问题导向的是质量和惯性的等效原理。

在第一步中，爱因斯坦发现，必须要揭示惯性原理这一迄今所有的力学之基础的一个缺陷。根据这一原则，如果一个质量体离其他物体足够远，它应该可以在无加速度的情况下移动。但怎么能认识到这种情形呢？只有一种可能性——物质必须在无加速度的情况下移动。这种推理导致的是逻辑上的循环。

牛顿已经认识到，重力质量和惯性质量的数值相等，他在运动定律中将其表述为"惯性质量和加速度的乘积等于重力质量和重力场强度的乘积"。他能归纳出这个定理，但不能对其进行解释。"数值相等"能归因于"本质相同"吗？[279]

在爱因斯坦的思路中排除掉了我们称为 K 的惯性系统。对于 K 而言，远离它的质量体可能是无加速度的。让我们进一步设想，存在另一个惯性框架

K'。相对于K'，所有相互平行的质量体都同样被强烈地加速，或者换句话说，相对于K'，它们应该表现得好像存在一个重力场，并且K'本身没有被加速。如果这个重力场被认为是"真实"的存在，那它就可以被表述为：K'在静止状态下就存在一个重力场。然而，下面这个表述也同样合理：K'是一个合理的坐标系，不存在重力场。

如果现在假定这两个假设是合理的，那么等值原理就可以成立。这仅仅取决于我们观察它的方式：将质量的相同从K出发的运动仅仅理解为惯性；还是将质量理解为从K'出发的惯性和重力的综合作用。因此，惯性和重力在本质上是相同的。

为了让人更容易理解等值原理，爱因斯坦给出了一个生动的解释：在一个封闭的盒子里，物理学家观察到这个盒子里的所有物体都以恒定的加速度落到地面。他会如何解释这种现象呢？有两种方式——①箱体处于引力场中，其影响可归因于落体的恒定加速度；②盒子以恒定的加速度向与物体下落方向相反的方向移动，那么这种现象就可以解释为"落体"的惯性。

这两种解释都是恰当的，而且是都是有道理的，要么是参考系统（盒子）加速，要么是实验是在引力场中进行的。

通过重力质量和惯性质量本质相等的原理，爱因斯坦找到了"更深入地理解惯性和引力的关键"[280]。由于我们相对于第一惯性系统 K 引入了被加速的坐标系，它为 K' 带来引力场，因此该原理可以被概括为以下文字："在一个均匀的引力场中，所有的运动都与在没有引力场的情况下相对于一个均匀加速运动的坐标系是一样的。"[281] 如果这个定理适用于任何过程，那么本节开头所提出的问题就得到了部分回答。狭义相对论原理可以扩展到相互以非匀速运动的坐标系。

广义相对论中的空间和时间

爱因斯坦并不怀疑"（重力质量和惯性质量等值）这一思想在原则上是正确的……但其实施上的困难看来几乎无法克服。首先，就基本情况来考虑，向一种更广泛的变换组的过渡与对时空坐标的直接物理解释不相容,后者为狭义相对论铺平了道路"。[282]

为了解释这一点,我们在这里还可以进行一个思想实验:我们想象出一个有限的伽利略区域 G,其中可以适用经典的惯性原理。此外,给出了关于 G 的坐标系 K。没有引力场作用于 K,所以狭义相对论的定律可以在此适用。

此外,G 与第二个系统 K' 有关,这个与 K 相关的系统应以恒定角速度进行旋转。因此,引力场将在 K' 上起作用。为了直观地进行说明,我们把 K' 系统想象成一个匀速运动的圆盘。在 K 系统中有一个观察者 B,他配备了长度为 I 的单位标尺 S。在 K' 系统中也同样有一个观察者 B'。设他的单位标尺 S' 的长度为 I'。我们可以得出,I=I'。

现在,观察者 B 和 B' 都要去测量圆盘的尺寸。首先,他们在半径方向上使用他们的标尺 S 和 S',经过比较长度,能确定 I=I' 始终成立,这一结果符合狭义相对论,因为在这种操作中没有发生收缩。但是如果现在 B' 把他的标尺放在圆盘的圆周切线上，那么在 K 系统中的 B 就会发现，他的标尺 S 与 S' 相比其长度缩短了。

在相对于 K 静止的圆盘中，圆周（U）与其直径（D）的比率是众所周知的 π 值。另外，当圆盘旋转时，K' 中的 π 将大于 $\frac{U}{D}$。在这个观察过程中应该注意的是，圆盘中心点的菲茨杰拉德收缩引起的缩短被忽略了。

从广义相对论的这些重要思想中可以看出：K' 中的位置定律与欧几里得几何中的位置定律不一致。相对于 K'，坐标不能根据狭义相对论中所示的方法去定义。由此，直线失去了其意义。必须对"空间"这个概念做出纯粹的物理解释，因为物体相对于其长度的运动取决于引力场。换句话说，根据广义相对论，空间的物理性质受到可计量物质的影响。

现在让我们来思考一下时间的概念：我们想象在 K 和 K' 这两个系统中设置了两个时钟 U 和 U'。当进行校时时，K 中的观察者 B 会发现一个差异：K' 中的时钟 U' 会相较于 U 系统中运行得更慢。时钟 U'

离圆盘中心越远，差异就会越大。如果 K' 位于圆盘本身的中心，则会像 K 系统中的 U 一样指向同样的时间，因为 U' 中心处的速度与 K 系统中速度相同。然而，如果 U' 远离旋转圆盘的中心，观察者 B 和 B' 再想要尝试同步他们的时钟，就将是徒劳无功。

由此推断：如果时钟 U'、U''、U''' 等相对于一个参照系处于静止状态，那么当这个参考系（圆盘）旋转或产生加速度时，就不可能产生出对同时性的定义。根据重力质量和惯性质量相等的原理，我们可以这样表述：如果在参考系 K' 中存在一个引力场，我们就不能得到对 U'、U''、U''' 等的同时性定义。因为标尺会变得更短或更长，时钟走得更快或更慢，这取决于在 K' 中测量长度或时间的位置。因此，我们得出结论：在广义相对论中，空间坐标差与单位尺度并不直接相关，时间坐标差与时钟指示并不直接相关，空间量和时间量不能再以这样的方式去定义。

对数学描述的意义

对于物理学而言,广义相对论意味着必须抛弃旧有的欧几里得几何学,因为其"直线""平面"等基本概念已失去了确切的意义。因为物体不能再像欧几里得几何那样固定地排列在空间中。根据广义相对论,物体处于不断发生作用的变形中。爱因斯坦选择了"虫洞"这个术语来描述这种现象,其位置定律在扭曲空间的概念中得以说明。他试图寻找出某些数学定律,坐标系可以根据这些定律适用于所有的自然过程。

许多卓越人物为解决这个纯粹的数学问题做出了贡献。但做出决定性贡献的是他久经考验的朋友马塞尔·格罗斯曼,他此时已成为苏黎世联邦理工学院的数学教授。"格罗斯曼,你一定要帮帮我,不然我要疯了!"[283]据爱因斯坦所说,"他立即火烧火燎地行动起来,搜索了文献,很快发现了其中指向的数学问题已经得到了解决。特别是黎曼、里奇和列维-齐维塔,对其做出了巨大贡献。整个发展遵循高斯曲率理论,其中首次系统地使用了广义坐标"[284]。

不久之后,爱因斯坦告诉他的前助手路德维希·霍普夫:"如果不是全方面错误的话,我现在已经找到了广义方程式。"[285] 1915年11月28日,他写信给

马塞尔·格罗斯曼

阿诺德·索末菲:"……上个月,我经历了一生中最激动人心、最紧张疲惫的时刻,但也是最为成功的时刻。"[286] 我们无法在本书的范围内讨论此处找到的数学方法,即张量的算法。作为替代,我们可以简要介绍一下广义相对论的数学基本思想。

我们已经知道,根据这个理论,我们不认为空间和时间是可以与物理学并行存在的"独立基础"。物体的几何行为与时钟的运行为都依赖于引力场。反过来,这些又都是由物质产生的。在这个层面上,可以如此说明:空间总是作为可变形物质而存

在，作为"虫洞"结构而存在的，在空间上铺设了高斯坐标以标记世界点位。时钟到这样一个世界点位的距离必然极短。根据狭义相对论，世界点位上所有时钟的运行都不会显示出同时性。空间和时间在"时空连续体"（闵可夫斯基）中相互关联。当将坐标为 x'、y'、z' 和 t' 的高斯系统 G' 转换为另一个高斯系统 G（x、y、z、t）时，世界点的交会线不会发生改变。[287]

> 时空不是平的，而是被其中的物质和能量所扭曲的，这是爱因斯坦最伟大的成就。这一发现使得我们对空间和时间的看法发生了根本性的变化。从那时起，它们不再是事件发生的被动背景。对我们来说，空间和时间不受宇宙中的事件干扰而永远运行，这是不可想象的。它们是动态量，可以影响时空中的事件，并同时也受到事件的影响。
>
> ——史蒂芬·W. 霍金

日食[288]

如果说在战争的最初取得节节胜利的那几年，德国人对爱因斯坦的工作和思想态度还持极其保守的态度，仅仅因为他还是瑞士公民，还对他有着诸多包容原谅，那么随着德国无可换回的战败，这种情况发生了变化。德国人现在为爱因斯坦感到骄傲，这个"诗人和思想家的国度"将他看作了自己人。如果他们不能在军事上获胜，那他们现在就转向无敌的科学。实用导向的英国人在战争期间就已经认识到爱因斯坦学说的非凡之处。英国的那些以经验为导向的研究人员准备对1919年5月发生的一次日食现象进行监测，以此实验来验证爱因斯坦在广义相对论中做出的预言是否准确。也许并非巧合，他们的精神领袖，贵格会教徒亚瑟·斯坦利·爱丁顿（Arthur Stanley Eddington）是当时极少数愿意深入研究爱因斯坦理论的科学家之一。他并不因爱因斯坦来自战败的德国而拒绝其理论，还可能正是因为这个理由而接受了爱因斯坦的理论。对来自"敌国"

的学说给予尊重，在他看来是一项特殊的任务，可以促进民族间的相互理解。[289]

一支探险队前往巴西北部的索布拉尔，另一支探险队前往几内亚湾的普林西比岛。在月食日食期间，摄影图像清楚显示，邻近的恒星发出的光线在经过太阳重力场时确实发生了偏转。这种光的偏转之前就已经被广义相对论预测到了。爱因斯坦计算出了 1.75 角秒的偏转。1952 年，科考队在苏丹用精密的测量仪器重复了这一实验，研究人员发现了 1.70 角秒的偏转，这一结果非常接近爱因斯坦的理论计算。

通过这些成果，爱因斯坦的名声传遍了全世界。对于物理学家来说，这是科学上的一个里程碑；对许多人来说，这是纯粹思想的胜利；但对大多数人来说这仅仅是一场轰动新闻。苏黎世的朋友们分享了爱因斯坦的喜悦，并写道：

所有的怀疑都打消，
　现在终于把那束光找到：

它当然要弯曲偏航,

照向爱因斯坦最伟大的荣光![290]

爱因斯坦回应道:

太阳女士[①] 赠予我们光明和生命,

但深究穷思的人儿不能得到她的垂青。

无论逝去了多少岁月韶华,

她也要巧妙地守护住自己的秘密神话。

但亲爱的月亮最近做客光临,

满怀的喜悦让太阳几乎开始发光欢欣,

也暴露出了她那深处的秘密——

那位爱丁顿先生已看破了内中深意。

因此,研讨会上的满座宾客,

如果你们也曾遭遇过某个灰暗时刻,

请记住我们的太阳!她也有力所不及的时候,

你我区区凡人又如何能够左右?[291]

---

① 德语中太阳是阴性名词,月亮是阳性名词。

这反映出爱因斯坦本人获悉这一事件时的欢乐。"我得以体验这一切,"他写信给普朗克说,"这是命运的恩赐。"[292]

科学界很清楚发生的是什么样的事:科学第一次超越了牛顿关于天体运动的理论而向前发展了。爱因斯坦的理论已经超越了欧几里得的几何学。1919年11月,在与德国的战争结束一年之后,举世闻名的英国皇家学会和英国皇家天文学会在伦敦举行联席会议。那些参加大会的人被这一伟大时刻的"美妙和激动"[293]深深打动了:这完全是纯粹思考的结果与明确的天文数据这两者之间独有的一致性。英国数学家和哲学家阿尔弗雷德·诺斯·怀特海(Alfred North Whitehead)看来也是被这一庄重的时刻深深感染了,他在报告中说:"整个紧张参与的气氛非常像一部希腊戏剧,我们是合唱队,唱出了对命运的评说……"[294] 他的话切中肯綮,"悲剧的本质完全不是不幸。它更多的是基于世界进程的不可阻挡,而在科学思想中活跃着的同样是这种不可阻挡的东西。物理的定律就是命运的言说。"[295]

第8章

柏林生活

爱因斯坦的个人生活

与米列娃离婚后不久,爱因斯坦娶了他的表姐艾尔莎,艾尔莎当时和她与前夫所生的两个女儿一起住在她父母的家里。爱因斯坦搬到那里时,他所在的就是帝国时代一个典型的中上层家庭。艾尔莎喜欢这种生活方式,而爱因斯坦的无欲无求和内在独立性也是众所周知的,他以一种幽默感接纳了艾尔莎这样类型的女人所喜欢的世间的一切。爱因斯坦在布拉格的继任者,也是他后来的传记作者物理学家菲利普·弗兰克在柏林拜访了他。"他住的地方尽是漂亮的家具、地毯和绘画。他的生活井井有条,常常邀请客人来访。但是当人们走进这所房子时，都会觉得爱因斯坦在这样一个'资产阶级'的家庭中始终是一个陌生人，一个穿越世界的流浪者，他只是在这里休息片刻，是一个在资产阶级家庭中做客的波希米亚人。"[296]

艾尔莎的女儿，女雕塑家玛戈特·爱因斯坦（Margot Einstein）在读了本书的早期版本后写信告诉我："促使我给你写下下面这些话的原因很简单，因为我的良知和内心驱使我……"针对上文所引用弗兰克的话要说上几句，"……读到这些文字时，我心中堵得慌。既然我是我母亲留在世上的唯一生者（如您所知，我与阿尔伯特也很亲近），我想说一句我不得不说的话。我的母亲是一个慷慨、伟大的人（她年轻时接受朗诵技巧的训练），她并不是只会摆弄家具、

爱因斯坦像，马克斯·利伯曼（Max Liebermann）绘于1925年

绘画和地毯，组织宴会或类似的事务，这是一个可悲的说法，这种说法是不准确的。我几乎要对这种说法笑出声来，但我的眼泪却忍不住流下来。……您肯定比我更清楚，没有所谓'客观真实'，那总是站在观察者的角度去感受或看到的情况。如果弗兰克在我们家里只获得了这样的感受，那我只能表示很遗憾——我不知道他是否更多地了解过我的母亲。但是你可能会明白，我之所以想告诉你这些，完全是因为我母亲的缘故，而不是因为我自己。"[297]

对于艾尔莎·爱因斯坦的慷慨大度，确实众多观察者中没人对此表示怀疑。谁要是说她没有像在物理学家圈子里所说的那样去充分展现出自己丈夫"精神上的伟大"和"谦逊"，她会把这种说法作为不太严肃的批判一笑置之。她可是把他当作天才捧在手心的啊！尽管如此，她也不得不学会在频繁举行的晚会中站到她那位名人丈夫的阴影之下。"没有什么人会关心我。"[298]这位前朗诵家和演员不会再得到以前所享有的掌声。艾尔莎的特点是外向，有天赋，性格开朗。有时，为了在小型聚会上活跃气氛，据说她会滑稽地模仿知名人士的演讲、手势和面部表情。爱因斯坦就喜欢这样的乐子。他邋遢的外表令艾尔莎感到苦恼。她偶尔会给他剪头发，但因为她非常近视，所以理发并不顺利。她给他买了一把梳子，可他的丈夫并不领情。"当我开始照顾自己身体的时候，我就不是我自己了。……如果我不合你心意，那你就去找一个更符合女性口味的男朋友好了。但我得保持我的懒惰，好处是可以让那些爱慕虚荣的蠢货别来打扰我。"有一次，他给艾尔莎写了一张纸条，落款是"实在邋遢无比的爱因斯坦"[299]。这段婚姻之所以得以维系，是因为艾尔莎对她的伴侣保持着必要的宽容。

然而，还有一些过分之举令艾尔莎更加难以应对。他会在别人面前开玩笑，说他的"老伴儿嗜财如命"[300]，让她非常难堪；他也会非常粗鲁地对待她。当哲学家赫尔曼·弗里德曼（Hermann Friedmann）于1926年来访时，爱因斯坦立即将他带到他顶楼的房间里去。作为一个细心的家庭主妇，艾尔莎端来一盘茶点并想从通常的话题开始聊天："您旅途愉快吗？"……爱因斯坦打断说："你打扰到我们了，你简直不知道自己有多烦人。"[301] 值得注意的是，这位丈夫明显远离了家庭生活中的各种事务。他倒是一直把自己摆在"无事一身轻"[302]的有利地位。对爱因斯坦本人来说，这是一个老问题，他曾用一个比喻来描述他和其他人之间的关系，说他"和其他人之间隔着一块玻璃"。有位朋友说，他有一次看到爱因斯坦暴跳如雷，就因为艾尔莎顺口说了个"我们"。"说'你'也好，说'我'也好，但永远不要说'我们'这个词。"[303]

爱因斯坦对其他女人也颇感兴趣，这件事肯定曾引起了艾尔莎的嫉妒。他们之间有过争吵。[304] 阿明·赫尔曼在"爱因斯坦和女人们"这一敏感领域做过更为详细的分析。[305] 据他说，"爱因斯坦有一个关系维持多年的情妇，名叫托尼·门德尔（Toni Mendel）。她是奥地利女人，是一位主任医师的遗孀，受过教育，长得挺好看，常常开怀大笑"。[306] 他每周和她见面一次。有传言说爱因斯坦在他的遗嘱中要求烧掉他们之间往来的信件。

关于他对女性和婚姻伴侣的态度，引用一些他的话就能看出端倪："你可能会知道，大多数男人（以及相当多的女人）天生就不倾向于一夫一妻制。习俗和环境对有关个体造成的阻力越大，天性就会越倾向于反抗这种阻力。强迫的忠诚对所有相关人士来说都不过是一个苦果。"[307] 爱因斯坦在 1925 年对他的医生雅诺斯·普莱施（János Plesch）说的话听起来可能令人震惊："婚姻肯定是一头缺乏想象力的猪猡发明出来的东西……"[308] 之所以有此类傲慢的言语，部分原因源自他并不幸福的婚姻经历，部分可能是出自他的"人生导师"阿图尔·叔本华。与这位悲观主义者一样，爱因斯坦偶尔也会发表一些歧视女性的言论："与这些女人相比，我们每个男人都是国王，因为他基本是自立的，不会一直等待着有其他人出现，好让自己依附上去。而女人就总是会等着男人出现，好待价而沽。如果没男人来找她，她就会直接主动地粘上去。"[309] 他说这些陈词滥调时是认真的吗？他的言论很难与他制定并在公共活动中应用的道德原则相统一。在公共活动中，他绝不容忍有人贬损个人或团体的价值。

尽管如此,爱因斯坦的妻子还是成功地为他创造了一个舒适的生活空间。1929年,爱因斯坦夫妇在柏林郊区宁静的卡普特获得了哈维尔湖畔的一块土地。建筑师康拉德·瓦赫斯曼(Konrad Wachsmann)是瓦尔特·格洛皮乌斯(Walter Gropius)的学生,他根据爱因斯坦的意愿做出设计,建造了一座简单的木屋。艾尔莎参与了施工,并把房子布置得很舒适。"帆船,远景,孤独的秋日散步,相对的宁静。这里是天堂。"[310] 在给妹妹玛雅的信中,爱因斯坦这样写道。"这艘大帆船"[311] 是朋友们送给他的50岁生日礼物。爱因斯坦经常乘船出行,有时一整天都待在船上。在乡村的寂静中,他感到非常愉快。在那里,他可以集中注意力去思考,并时不时去采摘些蘑菇。

艾尔莎对美味佳肴总是孜孜以求。"他有点长胖了。"[312] 客人之一的哈里·格拉夫·凯斯勒(Harry Graf Kessler)评价说。据说女儿玛戈特谈到她的母亲时说,她觉得这些食物的味道"实在太好了"。[313]

艾尔莎形容自己是个"胖佬"[314]。就别的方面看，艾尔莎也是一位对家人关怀备至的伴侣。婚后不久，她就把爱因斯坦的母亲领进了自己的家门。他母亲患有癌症，需要全方位的护理，直到1920年她经历了无尽的痛苦后去世。她的儿子爱因斯坦哀叹到："父亲的骨灰在米兰，而前几天我把母亲葬在了这里。"[315]

爱因斯坦对自己的健康完全不上心。他开玩笑说："我决心在自己入土前接受最少的医疗护理。……我的生活良方就是：像烟囱一样吞云吐雾，像马一样工作，没有思索或选择地吃东西。"事实上，他早在1917年就患了

爱因斯坦与他的第二任妻子艾尔莎和继女玛戈特，拍摄于1929年

重病，并几乎接近要"提前告别这个世界"[316]。医生诊断他患了胃溃疡。艾尔莎照顾他，严格监督他卧床治疗，遵守饮食规定。她照顾他就像是照顾"一个超凡脱俗的孩子，在某种程度上来说他也正是如此"[317]。几年后，他的心脏又出了问题，"X光片显示心脏明显增大，主动脉上隆起一个动脉瘤"[318]，动脉瘤有破裂的风险。"那它就该爆发一下。"[319]爱因斯坦不屑地说。有一次，他又再度接近"挂掉"[320]。他在哈维尔湖划船时晕厥了过去，这下得按规定卧床休息了。当一位为他工作了近三十年的秘书海伦娜·杜卡斯（Helene Dukas）来探望他时，他说："这里躺着一个老小孩。"他说自己从动物退化成了植物，但他与植物的不同之处在于，他"保留了讲恶俗笑话的能力"。[321]

犹太危局与"反爱"运动

一场失败的战争所带来的屈辱感让德国人的自尊严重受挫，爱因斯坦所生活的柏林就笼罩在这样的氛围之中。虽然失败令人沮丧，但德国并没有全方面地失去其能量，还得以保留部分赔偿的能力。"犹太人"成为这场灾难的替罪羊，人们用种种尽可能模糊的概念给他们盖棺定论，让他们再也无法为自己提供一份"无罪证明"。

当具有民族思想的德国人准备发动这场想象中的战斗时，形势已经变得相当复杂。当同样具有民族思想而又有犹太血统的德国公民感到自己有义务接受这样的宣传口号，去区分讨论什么是"好的"和"坏的"犹太人时，形势就变得更加复杂和悲惨。在他们口中，从东欧移民来的犹太人就符合反犹主义者所描述的种种形象，而他们自己则是在德国定居已久的犹太人，是"无罪的"。

这种绝望的行为给爱因斯坦留下了深刻的印象。"我看到值得尊敬的犹太人放下尊严去适应环境，看到这种情况的时候，我的心在流血。"[322] 他认为这是精神疾病的表现。"因为没有人喜欢羞辱自己。但如果整个群体都这样做，那他们必定生活在非常不自然的条件下，我们必须为他们寻找解药。"[323] 爱因斯坦认识到，很难找到一个对各方都有益的解决方案。

在古巴勒斯坦的历史领土上建立一个以色列国，这似乎有可能被各方所接受。爱因斯坦意识到，由于自己名声卓著，他有能力、也许也有义务为犹太复国主义事业更多地发声。

当时柏林犹太复国主义运动的领导人是库尔特·布鲁门菲尔德（Kurt Blumenfeld）。爱因斯坦在1919年结识了他。从那时起，爱因斯坦就一再以犹太复国主义者信奉者的面貌出现。他充满感情地反对任何形式的民族主义，他意识到，在德国受尽屈辱的犹太人已无路可走。因此，他在政治上狠狠地得罪了公众，再无回旋余地。

爱因斯坦的行为始终令德国的教授们无法理解，无论这位教授是犹太人还是非犹太人。在德国学者的心目中都小心翼翼地维持着一个公理，即必须要把政治和科学区分开来，在公共日常事件问题上要保持体面的沉默。而现在，只有充满激情的犹太复国主义者或反犹主义者才会打破这种沉默。在喜欢他的同事们中，爱因斯坦被认为是"冒失鬼"，而在少数人那里，爱因斯坦则激起了他们的强烈愤怒。

有三种人站出来反对爱因斯坦：其中最初级的反对派是"右翼革命分子"，他们反对爱因斯坦的理由有三——首先他是犹太人，其次他是和平主义者，最后他在英国这个前敌国非常受尊重。第二种反对派是持不同世界观的群体。在物理学家中有一些人只认可实证性研究。对他们来说，要是一个物理学家试图通过纯粹的思想就想建立起具有如此重大意义的理论，这无疑是对他们的严峻挑战。在他们看来，爱因斯坦的名声之于他们，就像是草率的发明家的风头盖过了诚实的工人。第三种反对派只是埋头于处理各种假设问题。他们彻底误解了相对论，用自己的哲学思想去反对相对论中他们所认为的形而上学内容。

> 但犹太传统中还隐藏了别的东西，……即一种醉酒般的愉悦和对这个世界的美丽、宏伟保持惊异……。它是一种感觉，真正的研究也就是从中汲取精神力量，但这种感觉似乎也能在鸟儿的歌唱中得以传达。
>
> ——阿尔伯特·爱因斯坦

这三种反对派汇聚成一种反爱因斯坦"运动"。他们称自己为"维护纯科学的德国自然科学家工作共同体"。他们的精神领袖保罗·韦兰（Paul Weyland）此前完全默默无名。他组织了大规模的集会。爱因斯坦作为受邀嘉宾参加了第一届大会，并友好地为批评意见而鼓掌。这位遭受辱骂的人时不时露出微笑。"与其说那是一个开心的微笑，不如说是一个痛心的苦笑。"[324]

马克斯·冯·劳厄、沃尔特·赫尔曼·能斯特和海因里希·鲁本斯是爱因斯坦最杰出的三位同事，他们立即决定站出来支持爱因斯坦，反对"反相对论有限公司"。他们公开表示："只要谁愿意去接近爱因斯坦，谁就知道他在尊重他人知识产权、个人谦逊和厌恶自吹自擂等方面是无人能及的。看来，毫不犹豫地表达我们的信念是一种正义的要求，尤其是昨晚没有给我们提供这样做的机会。"[325]

最初基本上没人认真对待所谓的"反爱"运动，直到另一位受人尊敬的物理学家，来自海德堡的诺贝尔奖获得者——菲利普·莱纳德——带头时，这次运动才明显得到了相当的重视。莱纳德在战争期间以极端民族主义者的身份脱颖而出，他仇视所有的和平主义者、社会主义者和犹太人，并且支持物理学上的纯粹经验主义。他希望能够在1920年在巴特瑙海姆（Bad Nauheim）举行的博物学家和医生年会上把他的想法传递给广大观众。然而，会议主持人马克斯·普朗克出于谨慎只给了莱纳德和爱因斯坦这两位对手最少的发言时间，因此大会没有造成什么轰动，但这也丧失了一次以清晰的方式向那些不问事实就反对爱因斯坦的人解释其理论内容和爱因斯坦贡献的机会。

莱纳德以极大的热情参加了大会，但成果甚微。即使是最激烈的反对爱因斯坦的人想要深入研究物质内部时也要被迫使用质量—能量公式。莱纳德试图化解这个尴尬，他想证明质量转化为能量的定理是由一位奥地利物理学家在爱因斯坦之前发现的。然而，莱纳德的观点并没有得到科学界的采纳。[326]

两年后的1922年，针对爱因斯坦的事态已经进一步激化。7月初，爱因斯坦同意做一次公开演

爱因斯坦站在由埃里希·门德尔松（Erich Mendelsohn）在波茨坦附近的电报山上建造的爱因斯坦塔上，1921 年

讲。他写信告诉普朗克，有多方面的人士都警告他近期不要在柏林，特别是不要在公共场合露面。"因为我应该属于民众计划暗杀的那些人之列……整个困难来自这样一个事实，即报纸太过频繁地提到我的名字，以此动员乌合之众起来反对我。现在只有保持耐心，出门旅行。我要拜托您一件事：带着幽默感接受这件事情，就像我一样。"[327]

巡回演讲与告别柏林

在他声名鹊起的岁月里，爱因斯坦在北美、南美、欧洲、日本和巴勒斯坦等地四处演讲。苏黎世也再次向他伸出橄榄枝。他于1919年冬季学期在苏黎世担任客座教授，多少算是做出了一些回应。一年以后，他又觉得这个负担太沉重了。几乎还没来得及摆脱这个负担，莱顿大学就又为他提供了一个兼职教授的岗位。伟大的物理学家亨德里克·安东·洛伦兹于1923年退出了科学界，莱顿大学物理学系不知道还有谁比爱因斯坦更有资格成为洛伦茨的继任者。爱因斯坦觉得自己无法胜任，于是保罗·埃伦费斯特接替了洛伦兹，爱因斯坦只是担任了一点教学任务。从此时起，他往返于柏林和莱顿之间。爱因斯坦喜欢这个安静的小城，在这里会觉得柏林太过喧嚣，让人感觉像是烈火在远方熊熊燃烧。

1921年1月，爱因斯坦回到自己在布拉格工作的老地方待了几天。他的朋友菲利普·弗兰克打破常规，为他安排的住所是他之前在物理研究所时的工作室。据弗兰克说，爱因斯坦曾站在这个房间的窗户前，指着精神病院的花园说："你在那里看到的是不搞量子理论研究的那些个疯子。"[328]

一大群人聚集在布拉格来听爱因斯坦的演讲。大礼堂里沉浸着一种奇怪的气氛,"……观众实在太兴奋了,甚至懒得去理解讲座的意思。人们不想去理解其内容,而是想目睹一个激动人心的事件"。[329]当爱因斯坦从布拉格来到维也纳,对着三千人演讲时,这种印象更加强烈。"公众……处于一种怪异而激动的状态,在这种状态下,能不能理解讲话内容当然是无关紧要的,重要的仅仅是要去靠近奇迹发生的地方。"[330]爱因斯坦肯定是感觉到自己几乎完全被民众的情绪所左右了,但他已经下定决心,不想再退回象牙塔之中。他愿意利用他在科学界的世界声望去实现美好的目标。

当哈伊姆·魏茨曼(Chaim Weizmann)请求爱因斯坦陪同他前往美国,通过办讲座的方法以实现在耶路撒冷建立一所大学的目的时,爱因斯坦表示了同意。他认为这是支持建设一个新的犹太国家的机会,也是一个去了解科学在美洲大陆可以获得什么样地位的机会。当他在美国受到欢迎时,他在柏林会面临的处境可能已经呈现在他面前。"我们欢迎自

同哈伊姆·魏茨曼在一起，纽约，拍摄于1921年

然科学界的新哥伦布，他孤独地航行在异国的思想海洋中。"[331] 大约十年后，普林斯顿将成为他最后的家园所在。

1922年，爱因斯坦接受物理学家保罗·朗之万的邀请前往法国，后者一直致力于民族间的和解。许多世界著名的学者都来到了爱因斯坦的演讲现场，如玛丽·居里和哲学家亨利·柏格森（Henri Bergson）。只有著名的法兰西科学院坚持其民族偏见：在讨论是否应该邀请爱因斯坦时，有30名成员宣布，只要爱因斯坦一走进大厅，他们就会立即离席。

比起去那些此前发动过战争的国家，爱因斯坦更喜欢去中东和远东。"在日本的生活太棒了，"他在写给索洛文的游记里说，"精细的生活方式，对一切事物都充满兴趣，富有艺术感，聪慧而天真——这是一个风景如画的国家里的优雅民族。"[332]

在这段时间里，当爱因斯坦再度完成他的一段旅途，返回柏林并参加普鲁士皇家科学院的第一次会议时，"他周围的座位明显变得稀稀拉拉的，许多科学院成员都没有出席。也许这是一个巧合"[333]。

在1930—1931年之交，柏林的教育部批准爱因斯坦从1930年冬季学期开始可以在每个自然年里去美国待一个季度。在夏季，他则应该在柏林科学院工作。从美国回国后，爱因斯坦在1933年最后一次踏上了欧洲的土地。离开比利时海滨度假胜地勒科克（德汉）之后，他就断绝了与德国首都的关系，纳粹已经在那里掌权。

科学院可不会让他就这么风风光光地离去。在一封来自科学院常务秘书的信中，爱因斯坦被指控反对当时的政府，参与"在法国和美国煽动暴乱"[334]。科学院对报纸上的新闻不加验证就采信了。爱因斯坦于1933年4月5日从勒科克（德汉）回信说："我在此声明，我从未参与过煽动暴乱，而且我必须补充说明，我根本就没有看到过有所谓煽动的活动……科学院在以这样一种方式表达对我的看法之前，本可以很轻易地掌握我发言的正确文本，就像它从前所做的那样……我为我所发表的每一个字负责。"[335]
此外，爱因斯坦还发表

爱因斯坦和他的妻子艾尔莎在帕萨德那，摄于1931年前后

了一份通讯声明，他公开宣称自己不能生活在"一个个体在法律面前没有平等权利，没有言论及信仰自由的国家"。[336]

柏林科学院在1933年3月30日的全体会议上公布了爱因斯坦退出科学院的声明。人们并不后悔失去了爱因斯坦这么一位研究人员，而是认为"……这么一个具有最崇高科学地位的人，一个在德国人中长期产生影响的人，一个属于我们的圈子、从而必然熟悉德国人的类型和思维方式的人，他在国外的

爱因斯坦写给柏林科学院的辞职信，1933年3月28日，写于返回欧洲的路上

那段时间里却融入了另一个圈子。这个圈子肯定是对实际情况和现实发展一无所知，却会四处传播错

误的判断和毫无根据的假设,从而损害我们德国人民的利益"。[337] 爱因斯坦也宣布退出巴伐利亚科学院,他曾担任该科学院的通讯院士。"科学院的首要任务是促进和保护一个国家的科学生活。而据我所知,德国的学者群体却都默默地接受了这样一个事实,即相当一部分德国学者和大学生,以及那些基于学术教育基础而工作的人被夺去了在德国工作和养家糊口的机会。即使面对外部压力,我也不想归属于一个采取这种态度的社会。"[338]

当时的德国政府没收了他的资产,他在卡普特(Caputh)的乡间小屋也落入政府手中。据说爱因斯坦在1932年秋天就告诉过他的妻子艾尔莎再好好看看这个美丽的家,也许今后她就再也看不到它了。[339]

第 9 章

美国时光

位于普林斯顿的房子

爱因斯坦在美国东海岸的大学城生活和工作了二十年，这应该算是一个经历丰富、安排密集的时期。他和他的家人不得不去适应一个新世界。从欧洲传来了各种消息，关于大屠杀，关于对他那些"手无寸铁的犹太兄弟"[340]的灭绝战争，以及毁灭性的世界大战，所有的一切都令人震惊不已。他始终如一地致力于拯救无数的犹太难民。日本的广岛和长崎被原子弹摧毁。他自己则每天都固执地耗费大量脑力，为统一场理论而努力奋斗。他的盛名成了他的负担，然而，他还是会利用它去实现美好的目标。最终要完成的是人生发展之路上的最后一个任务——疾病缠身，走向死亡，归于尘土——他认为死亡是"一笔旧债"，"每个人最终都必须要偿还"[341]。

1933年10月，爱因斯坦夫妇作为移民来到美国。在普林斯顿，他们先是住在图书馆广场边一栋漂亮的房子里，两年后在默瑟街112号购买了一栋有120年历史的建筑。"这是一座纯粹殖民风格的房子，位于普林斯顿最美丽的地方，房子后面有一个无比美丽的花园。"[342] 艾尔莎在写给音乐学家阿尔弗雷德·爱因斯坦（Alfred Einstein）的信中这么描写他们的新家，后者并非他家的亲戚。但艾尔莎的身体却每况愈下。尽管她仍然激动地参与新房的布置，支持爱因斯坦对难民的救助事务，陪同他参加欢迎庆祝活动，但没有两个女儿陪在身边，她感到"无尽的孤独"[343]。此外，一个痛心的消息也向她袭来：在巴黎，由小女儿玛戈特照顾的姐姐伊尔莎（Ilse）不久前死于肺结核。母亲匆忙赶到巴黎，在伊尔莎临终床前见了大女儿最后一面。"这真是太残酷了，"她哭着说，"他们说时间可以缓解一切

伤痛，但我不相信。"她回来后不久就患上了肾脏和心力衰竭。"如果我的小伊尔莎现在能走进来，我就会立即恢复健康。"[344] 艾尔莎在12月初写下了她的遗嘱，1936年圣诞节前不久，

爱因斯坦在普林斯顿的房子

她去世了，享年61岁。她与爱因斯坦结婚近二十年。在她死后大约两个月，鳏夫爱因斯坦写信给马克斯·玻恩说："家里的我像山洞里的熊，在我漂泊的生命中，实际上此时比以往任何时候都更有在家的感觉。因为那位与世人联系更紧密的伴侣死了，我这种熊一般的感觉越发强烈了。"[345]

此时有三个女人住在爱因斯坦家里：女儿玛戈特；他的秘书海伦·杜卡斯，她在艾尔莎去世后也

管理家务；以及从1939年开始住进来的妹妹玛雅。在玛雅那里，他可能感受到了最温暖的亲情。弗兰克写道[346]，"兄妹二人非常相似"。不幸的是，玛雅在1951年去世前的五年里一直身患重病，卧床不起。"近年来，我每天晚上都给她朗读新旧文学中最好的书。奇怪的是，尽管病情不断恶化，最近她几乎不能开口说话，但她的智力几乎没有受到影响。现在我比你想象的更加想念她。但我好像松了一口气，毕竟她已经解脱了。"[347]

在接下来的几年里，爱因斯坦的家门保持开放。一些赫赫有名的人物纷纷来访：马克斯·冯·劳厄、埃尔温·薛定谔、尼尔斯·玻尔、伊雷娜·约里奥－居里（Irene Joliot-Curie）、卡尔·波普尔、伯特兰·罗素、潘迪特·尼赫鲁（Pandit Nehru）和他的女儿英迪拉·甘地（Indira Gandhi）。能力出众的数学家赫尔曼·外尔（Hermann Weyl）和经验丰富的物理学家鲁道夫·拉登堡来到这里工作。托马斯·曼（Thomas Mann）在附近居住了两年之久，但他并不只是同那些荣誉等身的佼佼者结交，他的朋友中还有

活力十足的利昂·沃特斯（Leon Watters）——一名在纽约经营一所希伯来语培训学校的教育家。爱因斯坦与放射科医生兼"私人医生"古斯塔夫·巴克（Gustav Bucky）在柏林时就有接触，此时这段关系又活跃起来，他和巴克一家经常把夏天的休闲时间安排在5月到8月之间。他们去往罗德岛的观察山、康涅狄格州海岸的老莱姆或者纽约北部阿迪朗达克的萨拉纳克湖度假。在这里，大家都"很好，很开

在普林斯顿的邻居：托马斯·曼，绿蒂·雅可比（Lotte Jacobi）拍摄于1938年

心"[348]。也难怪，爱因斯坦可以放纵他的激情，驾船航行。他不会游泳，因此他多次拒绝别人为他提供速度更快的辅助引擎。

工作场所

普林斯顿高等研究院怀着很高的期望接纳了爱因斯坦这位"自然科学界的哥伦布"[349]。该研究机构是在一家私人基金会的基础上建立的，它认为自己的任务是让年轻的学者在成功完成学业后，有机会与一流的科学家进行非正式的接触，接受进一步的教育。它的领导者亚伯拉罕·弗莱克斯纳（Abraham Flexner）非常热心，事事过问。1932年他就在柏林得到了爱因斯坦的承诺，说将共同发展这个项目。他的新工作地点在许多方面与柏林的威廉皇帝学会研究所相类似。在这里，也没有固定的讲座义务和研究计划。当爱因斯坦1933年来到这里时，他已经提前物色了18位同事。为新研究所赋予某种修道院的特色，这从一开始就是其创始人最喜欢的想法。在接下来的22年里，爱因斯坦在这里找到了精神家园。他于 1944 年 6 月成为名誉教授，但那里一直保留着他的工作室，直到他去世。

> 这是我们这个被诬蔑为物质至上主义时代的一个可喜迹象，他们在凡人中塑造英雄人物，其目标最终是指向精神和道德领域。这证明了大部分人将知识和正义置于财产和权力之上。根据我的经验，这种理想主义的态度在很大程度上似乎是美国这个被认为是物质至上的国家里突出的现象。
>
> ——阿尔伯特·爱因斯坦

"一方面我在世界上享有盛名，各种报纸上铺天盖地都是关于我的消息，另一方面我在这里的生活又是如此孤独静寂，这二者的矛盾对比恐怕很难不让您感到惊讶。我一生之中都向往这样的孤独，而在普林斯顿这里终于让我找到了它。"[350]——但他的理想家园并非一尘不染。由于爱因斯坦所谈到的宣传，他在最初的几个月里就已经同弗莱克斯纳主任发生了争执。后者指责他说，之所以有这么多嘈杂喧嚣的消息，他也并非完全无辜。这位物理学家在纽约一家豪华酒店举办了一场慈善音乐会，这种活动不符合一个高端研究机构的形象，而这还仅仅是他"不当言行"中的一桩。爱因斯坦不得不进行反击，与弗莱克斯纳保持着紧张的关系，直到董事会的更迭。"然而，我（必须）坦率地告诉你，我无法理解你为何一再干涉我的私事，我简直无法容忍。没有一个正直的人能忍受这样的事情，我也不打算这样做。"[351] 通常情况下，他在普林斯顿也需要用他"厚厚的皮"来逃避压力，并在工作室中创造自由的工作氛围。他成功了，因为他发现自己的同事们是清醒而富有创造力的研究人员。他需要专业的对话，就像需要呼吸空气一样。1936 年，利奥波德·因菲尔德敲开了他家的大门。"您会说德语吗？"因菲尔德给出肯定的答复以后，这位伟大的物理学家抓起一根粉笔，走到黑板前，"也许我可以告诉您我在做的是什么。"[352] 两人成了朋友，一起写了部科普作品《物理学的进化》[353]——爱因斯坦写这本书的动机是为经济状况不佳的波兰移民因菲尔德提供额外的经济支持。

巴涅希·霍夫曼被证明是一位才华横溢的助手。1972 年，他和海伦·杜卡斯一起写了一本关于他上级的优秀传记。霍夫曼是美国人，爱因斯坦常常被迫用他那奇怪而蹩脚的英语来交流，这方面流传下来不少有趣的逸事。"有时在工作中会出现一片混乱。（然后）爱因斯坦……常常会平静地用英语说：'我要稍微想一想……'在突然的寂静中，他慢慢地走来走去或转着圈踱步，一边玩他缠在食指上的发卷。从他的表情看，他已进入梦幻般的状态，远离尘世，直指内心——没有一点强行努力或集中精力的迹象，没有一丝先前激动讨论的痕迹，只有平静，只有内心沉思——这就是完全专注于工作状态下的爱因斯坦。时间过去了一会儿——然后他突然回到现实世界，微笑着解答疑难之处。"[354]

成为美国人

抵达普林斯顿七年后，爱因斯坦与女儿玛戈特和秘书杜卡斯必须通过考察才能获得美国公民的身份。他的英语和思想观点符合预期，被这个国家接受了。1940年10月1日，举行了隆重的宣誓仪式。几年前，一些国会议员就向罗斯福总统提交了一份请愿书，要求通过政府命令，向著名瑞士公民爱因斯坦授予美国公民的身份，但这样的程序不符合宪法。罗斯福本人认识爱因斯坦。1934年，这位明星教授和他的妻子被总统夫妇邀请到白宫做客，他们也在那里过了夜。据说当天晚上他们讨论了当时一些重大而困难的问题[355]——为了方便爱因斯坦，大家使用的是德语。无论是在街头小报还是知识分子的报纸上，爱因斯坦像一个"新救世主"[356]一样被媒体誉为是世界奇迹。美国人民热情地表达这种敬意，他们从未在自己的国家看到过这样的科学家。当爱因斯坦演讲时，成千上万的人报以雷鸣般的掌声。他曾自我批评，说自己不是一个演说家，但这并不符合实际情况。[357]他能够用响亮的嗓音抓住公众的注意力。人们"特别偏爱他"[358]。有一次，他和查理·卓别林（Charlie Chaplin）在警察的护送下乘坐敞篷豪华轿车穿过好莱坞，十万粉丝夹道为两位英雄欢呼。卓别林抱怨说："他们为我欢呼，是因为每个人都理解我；而为你欢呼，是因为没有人理解你。"[359] 爱因斯坦后来的话富有批判性，也让人深思："我已经在美国待了 17 年了，还是没能接受这个国家的气质。一个人必须避免在思考和感觉上变得肤浅的危险，而这种危险在这里无处不在。"[360] 通过媒体，他在公众意识中保持高曝光率，这使他成为美国的偶像。他的名声给他带来了权力，"爱

爱因斯坦，他的女儿玛戈特（右）和秘书海伦·杜卡斯于 1940 年 10 月 1 日宣誓效忠美国宪法，成为美国公民

因斯坦"这个名字很有影响力。这位物理学家清醒地知道这一点。他积极干预各种事务，并经常能实现他想要实现的目标。他的行动可能具有世界影响，就像原子弹在美国的发展一样。当他仔细审视时代精神时，他可以在观察司法案件时保持高度警惕，无私地为犹太难民搞到签证或提供教育机会。然而，是什么使他成为超级巨星呢？他是一个具体的人类力量的本质原型，是纯粹思想的力量，自彼时起，这种力量就令人讶异不已。这种思想产生了一些大众无法理解的东西，但其所创造的东西无疑得到了相应科学权威的认可。他研究的是物理和数学，也就是科学。他在物理学上的一段成就令人难忘：他的"相对论"；他那神秘的简洁公式 $E=mc^2$；又或是他提出的与日常经验相矛盾的悖论——时钟如果移动得很快，就会走得更慢，宇宙既有限又无限……所有这一切都隐藏于这么一个富有同情心的人儿身上，每个人都能辨认出他那清晰的面部轮廓和白色的飘逸须发，这么一个穿着破旧毛衣、不穿袜子的谦逊的人，这么一个完全与社会习俗格格不入的教授，这么一个为自由和正义而独立斗争的孤独斗士——好一个最初的美国理想。他没有虚荣和傲慢，嘴上总是挂着一句诙谐的谚语，有着一个近乎神奇的名字"爱因斯坦"，这个名字很容易让人记住，也很容易发音。他爱他的小提琴，爱他的烟斗和他的帆船。美国感受到了他的魅力并予以回应。

偶像也可能会让人不舒服，并引起激烈的反应。1952年，爱因斯坦支持德怀特·戴维·艾森豪威尔（Dwight David Eisenhower）的对手阿德莱·尤因·史蒂文森（Adlai Ewing Stevenson）竞选。众所周知，史蒂文森后来输掉了选举。他找到爱因斯坦，感谢他的助选。"您知道我为什么支持您吗？我对其他人更没有信心。"[361] 在美国，他又一次变成了一个"冒失鬼"，因为他不打算对发生的一切事情都缄口不言。[362] 他写公开信。例如，1953年发生了一起针对朱利叶斯（Julius）和埃塞尔·罗森堡（Ethel Rosenberg）的案件，媒体对此进行了充分的讨论。罗森堡夫妇因从事核间谍活动被判处死刑。虽然根据对审判文件的研究，爱因斯坦相信被告并非无辜，但他认为根据这些证据就判处死刑是站不住脚的。死刑后来被执行了，人们对爱因斯坦的干预反应很激烈，说他是一个"寄生虫和懦夫"，不是一个"真正的美国人"。与此同时，也还有其他的声音认为爱因斯坦是"美国和世界的良心"。[363]

1950 年至 1954 年间，作为冷战的后果，相当多的知识分子被怀疑是共产主义的同情者，他们被传唤到参议员约瑟夫·雷芒德·麦卡锡（Joseph Raymond McCarthy）领导下的一个调查委员会上，要求他们必须清楚陈述自己的观点。持不同政见者爱因斯坦再一次进行了反击。在报纸上可以读到他的观点："少数知识分子应该做些什么来反对这种邪恶？坦率地说，我只看到甘地意义上的不合作这一种革命道路。每一个被委员会传唤的知识分子都可以保持沉默，也就是说准备好让自己被监禁、经济上被打击，简而言之，他的个人利益要准备好为国家的文化利益而牺牲。"[364]

在保罗·韦兰（正是此君曾在柏林发动了对爱因斯坦的攻击，现在他又在美国继续与这位犹太物理学家进行战斗）的告发之后，联邦调查局对所谓的共产主义者爱因斯坦展开了长期调查，填写了超过一千多页关于他的文件档案[365]，这也就不足为奇了。

他晚年的一项主要活动是反对核军备竞赛。与伯特兰·罗素一起，爱因斯坦向各国政府和世界舆论发出了著名的呼吁。"当美国人早晨起来吃着火腿和鸡蛋时，就会看到报纸上那张熟悉的面孔，他就知道爱因斯坦又一次亲自介入，支持那些受威胁和受迫害的人，站出来反对以各种形式出现在各个国家的不公正，或者表态反对疯狂的军备竞赛。同时代的人通常不会说出自己的想法，但他们都有一个感觉——这位智者和几个志同道合的人如阿尔伯特·史怀泽、伯特兰·罗素、尼尔斯·玻尔做的事就是让这个世界上的当权者能够采取理智的行动，或许这要等到最后的那一刻。"[366]

移民的救世主

在信使每天拖进房子的成堆信件中，尽管会有些厚颜无耻的求助信，但更大比例的是生命处于极度危险中的人的呼救之声，他们身处纳粹的恐怖统治下。爱因斯坦的关系网很广，联系着各种能提供帮助的人。他的妻子艾尔莎曾称爱因斯坦为"乞丐之王"。[367] 他写了无数的表态信，自愿地为难民提供入境许可所必需的担保，为他的难民援助行动寻求资助者。传记作家罗纳德·W·克拉克（Ronald William Clark）说，"他提供的唯一帮助就是他的名字所带来的影响力"。[368] 他从难忍的痛苦甚至从灭绝营中拯救出来的主要是科学家和艺术家。（巴涅希·霍夫曼提供的[369]）一个例子可以佐证：柏林美国社区的一位牧师请求爱因斯坦帮助犹太小提琴家鲍里斯·施瓦茨和他的家人移民。爱因斯坦向当局证实，寻求庇护者不会成为美国的负担。此外，还必须找一个富有的银行家做担保人。施瓦茨必须证明他确实认识这位物理学家本人（幸运的是，他搞到了一张两人合影的照片）。为了给音乐家施瓦茨在美国提供必要的就业机会，爱因斯坦最后找到了指挥家尤金·奥曼迪（Eugene Ormandy），后者答应给予支持，条件是从爱因斯坦那里得到一张亲笔题词的照片。

爱因斯坦对这些要求一视同仁，没有区别对待。在 1938 年给他妹妹玛雅的一封信中说："我已经给玛丽·德赖富斯寄了一些钱，帮助这位来自乌尔姆的亲戚移民出国。年轻人容易办成这事，老年人难。像保罗·莫斯（Paul Moos）这样的人必须被送到邻国安全的地方去，并得到充分的照顾。我将不得不把我收入的很大一部分花在这种持续性的事业上。古姆佩尔茨一家（Gumpertz）也必须弄出国。"[370]

爱因斯坦的愤怒

战后，爱因斯坦对同盟国为未来德国制定的计划发表了意见。与亨利·摩根索（Henry Morgenthau）一样，他希望将这个国家转变为农业国家，并强烈反对将鲁尔区交还给德国人，以便从一开始就防止未来最终崛起一个工业强国。他不想再和德国人产生任何关系。当奥托·哈恩试图让爱因斯坦加入新的马克斯·普朗克学会时，他表示拒绝。爱因斯坦也拒绝成为柏林市的荣誉公民；联邦总统豪斯（Heuss）准备授予他新的蓝十字勋章，好让他兴奋一番，可是他也并没有给出肯定的答复。阿诺德·索末菲受巴伐利亚科学院所托，想要争取到爱因斯坦的加入，得到的也不过是来自普林斯顿的拒绝。

大屠杀是爱因斯坦永远无法原谅的弥天大罪。对他来说，不仅是纳粹，"作为一个民族，所有德国人都应对这些大规模杀戮负责，必须作为一个民族受到惩罚，如果说世界上还有正义，如果说民众对集体责任的意识还没有完全消失的话……"。[371]同样移民到美国的诺贝尔奖获得者、物理学家詹姆斯·弗兰克在1945年写了一篇呼吁信，希望减轻战败的德国里老年人和青年人的苦难。他的呼吁主要针对的是美国移民。爱因斯坦的反应是："上一次战争后德国人的'眼泪宣传攻势'还让我记忆犹新，我不会再次落入这种陷阱。德国人按照一个深思熟虑的计划行动，屠杀了数百万平民，取代了他们的位置。……如果可以的话，他们会再来一次。就算乌鸦中间有几只白鸦，也绝对不会改变这一切。"[372]
对爱因斯坦来说，德国人的社会是一种危险的传统，无法与其他民族相提并论。自俾斯麦和特赖奇克以来，他们就植根于军国主义，基本上有着"统一的心态和价值观"[373]。顶多有千分之一，甚至万分之一的人能够摆脱这种传统。1952年，爱因斯坦强烈反对德国的重新武装，他认为这是一种追求权力的不祥欲望。与第一次世界大战后不同［当时他还对克里孟梭（Clemenceaus）所采取的对德国人的报复政策表示遗憾］，在德国人第二次犯下反世界的罪行后，爱因斯坦无论如何也不能以任何方式与他们和解——伤口刺痛，无法愈合。

政治人

1952年，爱因斯坦在以色列国首任总统哈伊姆·魏茨曼去世后被授予该国总统的职位。当爱因斯坦得到这条消息时，他给以色列驻美国大使阿巴·埃班（Abba Eban）打去电话，解释了他的忧虑，并明确表示拒绝：他从来没有承担过一项不符合自己能力的任务。他的长处不在于与人打交道。因为从年轻的时候起,他就一直从事于对自然活动的观察。尽管如此,大使还是在一封信中试图说服爱因斯坦:"我理解您那天晚上表达的担忧和焦虑。我同意您的观点,即授予总统职位的动议代表了犹太人民对他们的一个儿子的最高认可。与这种个人尊重相联系的是,我们觉得以色列尽管在空间上是一个小国,但如果它代表了犹太人民在过去和现在最好的头脑和心灵中所固化的最美的精神和灵魂传统,它就可以上升到重要的高度。正如您所知,与您自己的反复劝诫一致,我们的首任总统也一直敦促我们从如此宏大的角度去思考我们的命运。因此,我希望,无论您对这项动议的反应如何,您都会对那些极力促成此事的人做出大度的评判,并赞赏在这个庄严肃穆的时刻促使他们想到您的崇高目标和动机。"[374]

爱因斯坦最终还是写信回绝了这项动议。他被以色列国的"倾心奉献深深地感动了","当然也对此感到悲伤和羞愧",因为他不可能"接受这一提议……我一辈子都是与客观事物打交道，我既没有天生的能力，也没有与人正常交往的经验，不懂怎么执行公务。因此，就算是我随着年龄的增长也不会力量渐衰，我也不适合完成如此崇高的任务。这种情况使我更加难过，因为自从我完全清楚了我们在全世界人民中所处的不稳定位置以来，与犹太人民的关系已经成为我最牢固的人性纽带。前总统历经多年，在各种不利和悲惨的情况下肩负起领导我们寻求外部独立的全部重任，在我们失去他之后，我衷心祝愿你们能找到一位继任者，让他以其行动和个性承担起这项艰巨和充满责任的任务。[375]

> 我一生都在政治和方程式之间来回挣扎。
> ——阿尔伯特·爱因斯坦

"尽管大家团结一致，"科学史学家阿明·赫尔曼说，"但以色列对他来说是一个外国，他既不会说希伯来语，英语也不够用。我们可以想象一个古怪的画面：以色列国家高层不得不使用德语作为交流语言。……本-古里安（Ben-Gurion）非常清楚爱因斯坦不适合当总统。'如果爱因斯坦接受了，我们该怎么办？'他问一位秘书，'那我们可就遇到了最大的麻烦。'"[376]

原子弹

包括从纳粹德国移民过来的利奥·西拉德（Leo Szilard）和尤金·保罗·维格纳（Eugene Paul Wigner）在内的美国物理学家们在奥托·哈恩和弗里茨·施特拉斯曼（Fritz Straßmann）发现铀裂变时就认识到了其军事用途的可能性。西拉德认为，在被自己占领的比利时的帮助下，德国可以从其在刚果的殖民地获得大量的铀资源。他坚信德国会尝试制造原子弹。1939年8月2日，在物理学家爱德华·泰勒（Edward Teller）的陪同下，他去爱因斯坦的夏季住所拜访了他。爱因斯坦立刻意识到了危险。他起草了一封给罗斯福总统的信："强调需要进行大规模实验，以研究生产原子弹的可能性。我很清楚这项事业的成功对人类意味着可怕的危险。但是德国人可能也在同样的问题上努力并有成功的希望，这一可能性迫使我迈出了这一步。我别无选择，尽管我一直是一个坚定的和平主义者。"[377] 根据尤金·保罗·维格纳的说法，这三位物理学家对德国制造原子弹的情况一无所知，"只知道魏茨泽克有一个高级政府职位，他的儿子是一个重要的物理学家"。[378] 因此，人们认为德国政府可能会通过这种方式了解到用于军事目的的铀裂变。这个假设是不正确的。在爱因斯坦的信之前，根据卡尔·弗里德里希·冯·魏茨泽克（Carl Friedrich von Weizsäcker）的说法："什么也没做……。特别强调一点，我们德国的核物理学家完全没有考虑过是否要去制造炸弹……。我们没有制造炸弹，我们没有清楚地向前线另一边的同事传达这个信息，这让

富兰克林·德拉诺·罗斯福，拍摄于 1940 年前后

我后来感到非常痛苦。也许这个消息会改变一些事情。"[379] 维尔纳·海森堡也表示遗憾："可惜有一个流传甚广的传言，说德国曾试图生产原子弹。"[380] 据说，奥托·哈恩曾说过，"我跪下来感谢上帝，我们没有制造出原子弹"[381]。

利奥·西拉德把爱因斯坦的信交给了富兰克林·德拉诺·罗斯福（Franklin Delano Roosevelt）总统的朋友亚历山大·萨克斯（Alexander Sachs），他把信转交给了总统。随后，被美国方面视为原子弹"竞赛"的一场竞争就开始了，但实际上成了美国单方面的活动。

法国的弗雷德里克·约里奥（Frédéric Joliot）证明，在铀的裂变过程中，中子会从分裂的原子核中脱离出来，这会引发进一步的裂变过程。1942年12月，在这一知识的基础上，同样从欧洲移民到美国工作的物理学家恩利克·费米（Enrico Fermi）在芝加哥完成了第一次链式反应，在洛斯阿拉莫斯制造出了第一颗原子弹。参与曼哈顿计划的物理学家向罗斯福递交了一份决议，要求仅在无人区投掷这

种炸弹，但决议未获批准。1945年8月6日和9日，在与德国的战争结束三个月之后，原子弹在广岛和

长崎上空的蘑菇云，拍摄于1945年8月9日

长崎造成了 26 万人死亡，16.3 万人受伤害。

当爱因斯坦从收音机里听到这个可怕的消息时，他当时正在纽约州北部。"我不认为自己是原子能之父。我的参与是非常间接的。但是不可否认：是我们科学家释放了这股巨大的力量，在这场世界范围的生死斗争中承担着非常重大的责任——这场斗争旨在利用原子能为人类带来福音，而不是毁灭人类。"[382]

第 10 章

统一场论 [383]

"自 1916 年以来,将引力理论普遍化这个念头就一直占据着我的心"。[384] 近四十年来,爱因斯坦一直在努力实现自己的想法。"爱因斯坦过得很舒服,"他谈到自己时说,"每年他都会撤掉前一年写的东西。"[385] 爱因斯坦的榜样是詹姆斯·克拉克·麦克斯韦,其肖像就挂在他在普林斯顿的工作室中。麦克斯韦是在爱因斯坦出生的那一年去世的,从 1863 年开始,他提出了电和磁的统一理论,安德烈·玛丽·安培早些时候就已经使用"电动力学"这个术语来表示它。爱因斯坦想继续这种统一工作,并将他的广义相对论与电动力学联系起来。

"这需要很大的耐心,但这件事是值得的!"[386]作为一个"被数学折磨的灵魂"[387],爱因斯坦被迫承担起这个相当难以解决的任务。起点是广义相对论的时空连续体:在时空的每一个点都有一个测度张量 g,利用它就可以计算出与相邻点的距离长度和时间差。我们已经指出,测量张量的物理意义在于它被爱因斯坦认为是一个引力场,这是他的伟大发现之一。在爱因斯坦关于统一场论的工作中,又增加了另一个独立的几何量:关系式 Γ。例如,这个关系式可以描述速度矢量从一个时空点到另一个时空点的平行移动。

在几乎所有关于统一场论[388]的 14 部著作中,测度张量 g 和关系式 Γ 都发挥了主要作用。爱因斯坦与他的一群助手们[389]都在几乎不停地寻找"这些纠缠的方程。一个新的理论往往会慢慢地逐渐形成一个固定的最终形式……"。他在去世前两年宣布:"只有场法则的形式完全确定,这一发展才算是完成。……它们的物理有效性问题……仍然完全没有得到解决。这是因为与经验进行的比较与找到场方程的计算解决方法有关，而这暂时无法获得。这种情况很可能会持续很长一段时间。"[390] 他告诉莫里斯·索洛文："我没时间去完成它了，它会被人遗忘，但肯定还会被人重新发现的。在这条路上已经解决了那么多的问题。"[391]

相互作用

回顾过往，下面这个问题不容忽视：在爱因斯坦的认识论理论中，"经验领域的完整性"是一个核心要素[392]，但这一点在统一场论中却是被忽视的。因为爱因斯坦没有将两种自然现象纳入其中。首先，原子核的自然衰变是由某些基本粒子传递的弱相互作用引起的。自从 1896 年亨利·贝克勒尔（Henri Becquerel）发现放射性以来，这一点变得越来越明显，并且由恩利克·费米在 1933 年用一种权宜性质的理论对此进行了描述。第二个经验数据是由将原子核保持在一起的强相互作用给出的。在 20 世纪 30 年代，海森堡、马约拉纳（Majorana）、汤川（Yukawa）、维格纳等人提出了这方面的理论构想。

引力、电动力学、弱相互作用、强相互作用这四副拼图必须整合成一个统一的理论。

弗雷德里希·W. 赫尔对此写道:"在爱因斯坦去世 50 年后的今天,(1979 年诺贝尔物理学奖获得者)格拉肖(Glashow)、萨拉姆(Salam)和温伯格(Weinberg)在此期间找到了电动力学与弱相互作用的统一理论——但这是基于量子场理论基础,而不是广义相对论。虽然众所周知,强相互作用理论和量子色动力学在结构上与格拉肖-萨拉姆-温伯格理论有关(两者都是所谓的规范理论),但强相互作用和电弱相互作用的大统一迄今尚未完成。广义相对论在其他相互作用影响下仍然和从前一样完全不受约束,尽管它也具有规范场结构。在爱因斯坦式的意义上,'终极理论的梦想'(史蒂文·温伯格,1994 年)时至今日也仍然只是梦境,更别提在更高的时空维度中去实现了。然而,这种思想泡沫是否可以转化为可证伪的物理理论,绝不能被认为是一目了然的。"[393]

最后的岁月

爱因斯坦四十出头时,他在一封信中声称:"顺便说一句,做出伟大发明是年轻人的事情,因此对我来说这种事已经属于过去时了。"[394] 然而他还是继续深耕他的统一场论达35年之久。据他的同事巴涅希·霍夫曼所说,许多同事都对他的孜孜以求和"不断寻找报以几乎毫不掩饰的轻视"[395]。沃尔夫冈·泡利甚至指出,"(爱因斯坦)失去了对话的能力"[396]。

正是长期以来形成的那种固执个性有助于他紧紧抓住一个东西不放手,而对其他的一切都视若无睹。根据霍夫曼的说法,他能够为这场斗争做出的奉献就是他一生中获得的那些无与伦比的经验,他深信存在这样一种理论,"正如古希伯来人所说的那样,上帝就是初始的一"[397]。他从中获得了无尽的能量。虽然他已经无法跟上科学的最新发展,他的灵感已经衰减,思想观念不再像年轻时那样如洪流般喷涌,"但总是会有些新想法"[398]。爱因斯坦不想把自己归于"没有成功地将广义相对论与量子理论相结合"[399]的那一代物理学家。他可能会惊呼一声："天啊，我找到它了！"然后又会再次对它产生怀疑，并寻找新的开始。"爱因斯坦的场论已经死了。爱因斯坦的（新）场论万岁！"泡利打趣道。[400]

直到去世前几天，爱因斯坦都一直保持着精神上的活跃。但在60岁的时候，他就向利昂·沃特斯吐露了心声："我注意到随着年龄的增长，我的体力是如何减弱的。我意识到我现在需要更多的睡眠。我怀疑我的精神归纳能力已经减弱了。我理解事物的速度和我年轻时一样快。我的力量和特殊能力在于看到别人的发现对当今思想世界的影响、后果和可能性及其联系。总的来说，我很容易理解事情。数学计算对我来说很难。我不喜欢做运算，也不能快速地完成。别的人能更好地完成这些牵涉细节的事。"[401] 在与雅诺斯·普莱施的一次友好交谈中，他反思道："我从来没有出于虚荣而去看镜子里的自己。现在你把镜子放到我面前，我就想知道，我究竟为何会这么有名？这是我应得的吗？我不这么认为。我一生都在努力，把一个想法穷尽到底。我一次都没做到过。我想做的事，任何人本来都可以做到。"[402]

在爱因斯坦生命的最后一年，马克斯·冯·劳厄在一封信中得知，他，爱因斯坦，因为疾病和年老而不能参加为他举办的庆祝活动。"我必须承认，这个神圣的天意也为我带来些许解脱。"[403] 在其他地方，我们可以读到，"我几乎从来没有像现在这样在人群中感到如此陌生"。[404] 现在他更经常地谈到他"最后喘上几口学术气"。[405]

自 1948 年以来，爱因斯坦一直患有顽固性胆疼痛问题。因此，布鲁克林犹太医院的鲁道夫·尼森（Rudolf Nissen）教授对他的腹腔进行了开放式诊疗。医生发现他得了肝硬化，这可能是爱因斯坦在第一次世界大战期间所患肝脏炎症的后果。然而，他的主动脉瘤被证明要严重得多，其内壁与大肠融合到了一起，这意味着他每天都有生命危险，因为动脉瘤随时可能破裂，从而导致内出血。

坚持内心自由，不受此类威胁而保持独立，爱

爱因斯坦离开布鲁克林犹太医院，1949年1月13日

因斯坦就这样又继续工作了七年。他拒绝把生存的希望寄托在手术上；他死后，人们发现其实手术介入已无可能。1955年4月13日，该来的不可避免地来了：由于情况突然恶化，爱因斯坦住进了当地医院，可能是主动脉瘤破裂。后来的尸检证实了这一假设。

几十年来决定了爱因斯坦生活方式的独立性格也是他最后时日的标志。他的儿子汉斯·阿尔伯特说："周六和周日，我仍然花了很多时间和父亲在一起，虽然他疾病缠身，痛苦难受，他还是非常高兴。直到最后，他都完全保持清醒和快乐，尽管很难承受这种痛苦，很难不去想即将结束的生命。"[406] 他在死前几个小时对躺在同一家医院的女儿玛戈特说："我在这里做了我的事情。"[407]

> 对我们虔诚的物理学家来说，对过去、现在和未来之间的区分没有什么意义，那只不过是一种固执的错觉。
>
> ——阿尔伯特·爱因斯坦

1955 年 4 月 18 日，阿尔伯特·爱因斯坦逝世，享年 76 岁。

如他所愿，他以一种非常简朴的形式离开了这个世界。十二个朋友聚集在一起，没有公众集会，没有宗教仪式，没有鲜花，没有音乐。遗体的骨灰被撒在风中。

第 11 章

人类未来

爱因斯坦没有发表关于他的世界观的系统文章。然而，如果把他所有零星发表在各种场合的文本，包括书籍和期刊文章、讲话、呼吁、声明、悼词、信件、日记等汇集到一起，我们就能得到对他的世界观的整体描述。

在 20 世纪上半叶，对爱因斯坦和其他研究者来说，自然科学占据着特殊的地位，大量开创性的研究成果改变了人类的生存状况。赫尔曼·冯·亥姆霍兹、亨利·贝克勒尔、威廉·康拉德·伦琴（Wilhelm Conrad Röntgen）、玛丽·居里、马克斯·普朗克、莉泽·迈特纳、奥托·哈恩、马克斯·玻恩、尼尔斯·玻尔和维尔纳·海森堡的重要发现和见解被记入一般的思想史，他们自己也有一部分思想发源于此。阿道夫·冯·哈纳克（Adolf von Harnack）说，当他听到有人抱怨现在不再有伟大哲学家的时候，他立马反唇相讥："哲学家现在只是在别的院系坐着，他们的名字叫普朗克和爱因斯坦。"[408]

物理学家同事们一直都很认可爱因斯坦作为哲学家的活动。"我只能推广量子物理学的技术，"阿诺德·索末菲写信给他说，"而您得去搞您的哲学！"[409]马克斯·玻恩也以类似的方式表达了自己的观点："我的意思是……您有权推测，但其他人没有这个权利……我很认真地认为，如果普通人想通过纯粹的思考来发现自然规律，那就只能是废话连篇。"[410]

犹太人

爱因斯坦对国家和社会的精神态度是通过他与受迫害的犹太人的遭遇才得以形成的，就像一个晶体是通过凝聚于一个结晶点才能成型一样。对爱因斯坦来说，犹太人是"政治世界中道德标准的气压表"[411]。这个气压表的指数在 20 世纪到达了一个低谷。"少数人追求"的是实践古老的传统，"少数人"丰富了西方文化遗产，"少数人一直是真理、正义和自由的忠实仆人"[412]，而正是这些少数人受到了迫害。爱因斯坦转而告诉他的"兄弟们"："不要抱怨命运，而是要在这些事件中看到一个动机，保持对犹太集体事业的忠诚！……还要记住，困难和障碍对任何集体而言都是力量和健康的宝贵源泉。要是我们一直躺在玫瑰上，我们就不会作为一个集体存活了几千年。"[413] 他继续说，"但我要对你们说，我们人民的生存和命运与其说取决于外部因素，不如说取决于我们忠实地坚持那些使我们生存了几千年的道德传统，尽管狂风暴雨向我们扑面袭来。"[414]

侍奉上帝就意味着要为活着的人服务。"犹太人民中最优秀的分子，特别是先知们和耶稣，都为此不知疲倦地战斗。"[415] "超个人意义上的生命成圣，与所有的人类，与所有活着的人团结在一起，服务于生命的高贵[416]"——对爱因斯坦来说，这就是犹太民族的本质。分散在世界各地的犹太人重返他们古老的家园巴勒斯坦,他把这里看作光明所在。这不是"慈善行为"[417],而是一项"伟大而崇高的任务"[418],其目标是建立一个精神中心,为所有寻求庇护的人建立一个文化场所。这涉及的不是一个政治团体,而是"一个道德中心",它可以为其他民族树立"一个好榜样"[419]。爱因斯坦对犹太国家的建立成为现实而感到深深的喜悦,因为"只有人类中最好的东西被吸收到一个集体中时,它才能蓬勃地发展"。[420]

对于居住在那里的阿拉伯人的问题,爱因斯坦有清楚的认识,他称阿拉伯人为"兄弟民族"。[421]他希望看到以高贵、开放和有尊严的方式解决问题。他认为有关族裔群体之间的合作是必要的,也是可以实现的。他认为,瑞士就是一个榜样,因为它展现的就是一种由多个群体组成的集合体。如果双方都怀有善意,问题就可以得到解决,这些问题更多的是心理上的,而不是事实上的。对爱因斯坦来说,犹太人和阿拉伯人曾经作为对立的双方,这是不可思议的。他认为，两个民族都会因此在全世界人民的眼中丧失尊严。爱因斯坦还就如何在完全平等和相互尊重的基础上解决共存问题提出了详细的建议。但仅仅三十年后，历史事件就将那些参与者引向了另一个完全不同的方向，这不能不让人感到更加忧伤。

军国主义与和平主义

据说，爱因斯坦甚至在还是个慕尼黑小男孩的时候就对军乐和跟着军乐行进的士兵避之唯恐不及。"我长大以后可不想成为那些可怜人中的一员。"[422] 然而，法律可不会对爱因斯坦这样的人网开一面。当他获得苏黎世市公民身份时，他就不得不去接受服役体检：因为有扁平足和静脉曲张，他被认为不适合服兵役。他很乐意支付军事税作为替代，人们只需要去读一读他1931年对于"随大流群体行为中最糟糕的结果"所发表的意见就能明白他的思想。"如果一个人会得意扬扬地随着军乐迈步行进，那就足以让我鄙视此人。他的大脑瓜子是白长了，因为对他来说，有脊髓已经完全足够了。人们应该尽快消灭掉这个文明的耻辱。服从命令的英雄主义、毫无意义的暴力行为和令人厌恶的所谓'爱国主义'，这些都令我恨得牙痒痒。在我看来战争是那么卑鄙和令人不齿，我宁愿被人撕成碎片，也不愿参与这种可悲的行为！我总是把人类想得那么好，以至于我相信，要不是人们的正常意识被商业利益和政治利益假借学校和媒体之手系统地腐蚀掉了的话，这种困扰早就应该消失了。"[423]

> 让我们瞧瞧我们所生活的时代吧！……缺乏个性的问题在艺术领域尤为突出。绘画和音乐显然已经退化，已经基本上失去了与大众的共鸣。在政治领域则不仅缺乏领袖，而且公民的精神独立和正义感也在很大程度上是下降了。
>
> ——阿尔伯特·爱因斯坦

爱因斯坦把战争的原因首先归结于对财富的追逐。他本人说，他曾经问过一位著名的美国外交官，为什么没有通过商业抵制的方式来迫使日本结束其暴力政治。对此，他得到的回答是："我们的贸易利益太大了。"[424]

这就是为什么道德力量在我们这个时代本应比以往任何时候都更加强大。我们必须学会认识到，只有通过"放弃，以及对自我加以限制"才能"通向快乐和幸福的存在"[425]。简单而不苛求的生活对每个人都有好处，对身体和心灵有益。爱因斯坦坚信，世界上的任何财富都不会促进人类的进步，"即使是在一个致力于此目标的人手中也不行"[426]，金钱只会带来私利，不可避免地会诱使人们滥用。爱因斯坦尖锐地指出："有人能想象拿着卡内基钱袋子的摩西、耶稣或甘地会是什么样子吗？"[427]

爱因斯坦认为民族主义是导致战争的第二个原因。爱国情绪往往会迫使和平主义者也采取妥协态度，允许军队去保卫自己的国家。但"战争不是一场双方都会严格遵守规则的生意"[428]。一旦涉及生存还是灭亡，规则和责任都是无效的。因此，只有一条出路："……无条件地彻底远离战争……[429] 因为只要有军队存在,任何严重的冲突都会导致战争。不积极与国家军备做斗争的和平主义无论在从前还是现在都是无力的。"[430]

根据爱因斯坦的说法,实现和平需要通过一种"暴力的方式"[431],要拒绝服兵役。承担自我责任的年轻人应当得到以和平政策为目标的国际组织在物质和道义上的支持。

和平主义者爱因斯坦在一次演讲中反对核军备竞赛,拍摄于1950年2月

在他给西格蒙德·弗洛伊德(Sigmund Freud)的信中,爱因斯坦考虑了另一种方法:通过"杰出

人物"[432]的例子来与军国主义做斗争。他从弗洛伊德的著作中了解到，人类会从战争中满足其内在和外在获得解放的欲望。"所有超越了他们的时代和民族，被尊为精神和道德领域领袖的人物都认识到这种欲望的存在。从耶稣基督到歌德和康德都是如此。"[433]在他那个时代，思想界的精英对各国人民的历史和政治发展失去了影响力，他们应该努力重新赢得这种影响力。他建议成立国际思想界共同体，他们通过交换意见就可以说服世界上所有的政治领导人解除武装力量。

个人在这个过程中能发挥决定性的作用：爱因斯坦想到的是像史怀哲或圣雄甘地（Mahatma Gandhi）这样的人。他一生中两次遇到史怀哲，在他看来，史怀哲是"西方世界唯一一位能与甘地相提并论，对这一代人产生超越国界的道德影响力的人。和甘地一样，这种影响在很大程度上是基于他通过实际生活所树立的榜样力量"[434]。

世界政府

"通往安全与和平的道路只有一条,"在看到广岛和长崎的灾难之后,爱因斯坦写道,"即超国家组织的道路。"[435] 他的心理负担一定很重,"作为科学家的我们有一种悲惨的使命,让恐怖的灭绝方法的有效性进一步增强"。[436] 在一则通告中,他向各国的知识分子发出呼吁:我们必须"尽最大努力防止这些武器被用于发明它们的野蛮目的,这必须成为我们最庄严和崇高的责任"。[437]

被释放出的核能使一切都受到质疑,包括我们的思维方式,因此,如果人类不学会重新思考,我们将面临前所未有的灾难。仅仅以"消极的活动"[438]去消除障碍是不够的,相反,必须以"积极的追求"[439]去推动建立超国家组织。"我们必须改革我们的思想,改革我们的行动,并有勇气去改革各国人民之间的关系。"[440]

"世界政府"对爱因斯坦而言就是救赎的概念。建立在法律基础上的世界政府应该对各国人民的命运负责，它明确制定的宪法必须在自愿的基础上得到所有政府的承认，它应该能够调解国家间的冲突。因此，这个世界政府需要权力，因为如果它没有被赋予"行政权"，那"最好的法院"也毫无意义。"道德权威根本不是维护和平的适当手段。"[441]爱因斯坦因此放弃了他激进的和平主义——上述意义的权力是指能够通过快速干预从而阻止任何国家开战的军事力量。爱因斯坦认为，要做到这一点，有关国家必须同意其国家武装部队服从于超国家政府。

这位物理学家忧心忡忡地观察着联合国的活动——联合国是作为和平的工具而建立的，但"到目前为止……还没有超越纯粹的道德权威的阶段，而我认为早就该如此了"。[442]爱因斯坦是一个现实主义者，足以认识到，"任何国际组织都不能比赋予它的宪法权力或其个别成员同意它拥有的权力更强大"[443]。

爱因斯坦还将"世界政府"视为积极避免未来战争的机会。目前，每个国家不仅需要准备好武器以抵御可能的外部攻击，还需要为随时爆发的战争做好人员上的准备。对来自外部危险的恐惧，对成为可能的敌人（今天它都可能还是一个友邻）的扩张目标的恐惧，对自己的经济或政治制度有优越感，以及对本民族的骄傲感，这些都是此类"教育"中受欢迎的话题。这种"教育"的目的就是要谋求成为一个占据优势地位的军事大国，这"将越来越多地主宰我们的整个公共生活，并在灾难降临之前就早早开始毒害我们的年轻人"。[444]

"当对物质力量无所不能的信仰在政治生活中占上风时，这种力量也就获得了自己的生命，并变得比想把它作为工具的人更加强大。"[445]

宇宙信条

"作为一个相当早熟的年轻人，我清楚地意识到，大多数人一生中不停追逐的希望和追求是多么的虚无。"[446] 对爱因斯坦来说，"虚无"主要意味着坚守"唯个体"，[447] 坚持"自我束缚"[448]，保持"盲目本能"。[449] 这一见解代表了一个青年研究人员的"转折点"。[450] 从"自我束缚"中解放出来成为他的存在目标。"一个人的真正价值首先取决于他从自我意识中解放出来的程度，以及他在何种意义上实现了自我解放。"[451]

开辟了另一条道路的人就可以消除普通生活中的虚无。对于爱因斯坦来说，科学能够把人"从纯粹的身体存在中提升出来，并引导个人走向自由。"[452] 他谈到了"科学神殿"，[453] 他要探寻这座神殿，全身心地奉献于寻求真理。

据爱因斯坦的坚定信念，在宇宙中起主宰作用的是"理性"，在自然中则是"和谐"。[454] 过去和未来都是由规律决定的——这绝不是理所当然的事情，因为"从先验的角度看，人应该期望的是一个混乱的世界，这样的世界完全不能通过思考去把握"。人们可以（又或是应该）期望，只有在我们有序介入的情况下，这个世界才会显示出规律性。这有点像是一种语言中单词排列上的字母顺序。例如，通过牛顿的万有引力理论所创造的那种秩序，就具有完全不同的性质。即使理论的公理是由人设定的，这样一个开端的成功也是以客观世界的高度有序性作为前提的。[455] 对爱因斯坦来说，这是一个奇迹，随着我们知识的发展，这个奇迹变得越来越伟大。"最美妙的是，我们必须承认'奇迹'，保持谦卑，此外没有别的合法出路。"这也是"实证主义者和职业无神论者的弱点"：在他们的意识中，这个世界不仅要"去神化"，也要"去奇迹化"，他们由此而感到幸福无比。[456]

爱因斯坦用充满"惊奇的目光"去审视自然——它是"我们可以抵达之顶峰上的理性建筑"。[457] 他的"宇宙信条"正是建立在这个认识之上。它伴随着一种恋人间才了解的感觉，或者就像各个时代中充满宗教创造性的人才了解的感觉。它表现在大卫的一些诗篇中，表现在方济各（Franz von Assisi）的身上，表现在佛教教义中，表现在哲学家德谟克利特和斯宾诺莎的著作中。对客观自然的观点成为从自我意识的束缚中解放出来的力量来源。"外面有一个伟大的世界，它独立于我们人类，像一个伟大而永恒的奥秘一样出现在我们面前，我们至少可以部分地观察和思考它。"[458] 深入它的秘密，就像是一场解放。途径是获取知识，手段是科学研究，目标是获得解放的科学之人与他的"真理"。因此，宇宙信条是滋养每一个更深层次科学事业的源泉。

我们拥有重建作为最高秩序的世界构造本身固有之物的手段，我们用我们的理智至少可以解开这个世界局部的谜团，我们可以在精神领域树立起自己的存在。对爱因斯坦来说，这预示着宇宙的宗教，其可见的标志是客观世界的可理解性。爱因斯坦没有问这个世界构造的秩序是如何产生的，他满怀惊奇之心，不像牛顿那样去接受一个创造并统治它们的造物主。[459] 相反，"人越是被灌输接受事件的合理秩序，他就越坚信，除了这个合理秩序外，不会再有其他的原因。他既不承认有某个人，也不承认有某种神圣意志作为自然事件的独立原因"。[460]

哲学家巴鲁赫·德·斯宾诺莎对爱因斯坦的宗教信仰有显著的影响。"我相信斯宾诺莎的上帝，他以存在的和谐而显现。"[461] 他向一位拉比承认道，"那种与深处的感觉相联系，在可感知的世界中显现的是一种关于优越理性的信念，它形成了我对上帝的概念。因此，人们通常将之称为'泛神论'（斯宾诺莎)。"[462] 在斯宾诺莎的作品中，上帝不是作为一个独立原因出现的，而是本就与自然事件交织在一起。在这位哲学家早期的作品中，世俗的追求被他认为是"vana et futila"——徒劳和虚无。斯宾诺莎要寻找的是一种补救措施，可以帮助我们逃离这种平庸的生活。他的努力一次次地失败，直到他最后终于可以说："只要我思考，我就觉得自己得到了解放。思想工作变成了一个解放时刻。然而，只有当世界能够被人类思想所理解的时候，它才完成了它的高级功能。然而，可理解性是以规律性为前提的，因此必须有一个最终的、合理的和无先决条件的东西。"斯宾诺莎总结道，"这不需要论证，因为它本身就是理由。"对斯宾诺莎来说，这是"本体"，对爱因斯坦来说，这是"客观世界中的客观秩序"。对斯

巴鲁赫·德·斯宾诺莎，1670年前后的油画

宾诺莎来说，上帝即理解，这不是超验的上帝，而是一个内在的上帝——是内在，而非万物的外部原因。这个"本体"，即这个上帝的原始现象就是他的"可理解性"。

与这种"可理解性"直接联系的是因果关系原则。斯宾诺莎和爱因斯坦二者都在逻辑、数学顺序的图景中看到了类似于世界规律性的东西。对于斯宾诺莎来说，这样一种顺序的每一个环节相对于另一个都表现得像某个结果的原因一样，反之亦然。因此，因果关系可以说是自然或上帝本身固有的原因。根据斯宾诺莎的说法，只有那些完全理解了结果的人才能理解原因，那些不知道原因的人最终只能对结果一无所知。

根据爱因斯坦的说法，"具有宇宙信条的研究人员会非常认真地"对待因果原则。[463] 没有这种信仰，爱因斯坦就不能进行关于自然科学的思考。

存在与或然

列夫·托尔斯泰（Lew Tolstoj）提出了一个

问题：科学能否教会我们如何生活。爱因斯坦也问道：我们能从物理公理中推导出我们行动的伦理定理吗？[464] 他明确地对这个问题给出了否定的回答。他不相信科学能够给人以道德教导。因为在他看来，科学的唯一目标在于确定"是什么"的问题。至于去确定"应该怎样"，那不是科学所能实现的。"对真理的认识是美妙的。但作为一个领导者，真理是如此无能，以至于它甚至无法证明我们追求真理的正当性和价值所在。"[465] 尽管科学可以与伦理联系起来，并可能有助于道德目标的实现，但目标本身超出了它的领域。对于研究者来说，"只有一个存在的问题，但没有希望如何、想要怎样的问题，没有善与恶，最重要的是没有目标"。[466]

在为人所知后的最初几年里，"相对论"一词使人们在其中以为能找到某种科学证据，证明包括伦理规范在内的一切都是"相对的"。一位大主教曾经问爱因斯坦，他的理论对宗教有什么意义。他回答说："完全没有。相对论是一个纯粹的科学问题，与宗教无关。"[467] 如果说在相对论中很快就澄清了空间和时间的相对化几乎完全不能用来说明价值的相对化，那么同样的问题在科学研究的另一个例子中却达到了更深的维度，那就是量子理论。爱因斯坦在此也严肃地问了自己一个问题：物理理论的表述是否与行动和价值领域相关？量子物理学的不确定性概念引发了人们将其应用于物理学之外的现象。马克斯·普朗克、维尔纳·海森堡、路易斯·德布罗意写了一些超出物理学科领域以外的文字，补充描述了这一理论在别的领域可能的适用性，例如生物学、心理学或伦理学。[468]

在马克斯·玻恩的伦理学论文中，他主要关注的是将人的道德自由与玻恩所说的非决定性自然观念联系起来。玻恩认为，无法对自然观念与道德自由进行区分，"量子跃迁"这个概念形象地代表了道德自由的问题。电子任意跃出一段距离，相对于光束的潜在影响而言获得了现实的独立性，在玻恩看来这象征了实际自由行为。爱因斯坦持相反的意见："从一束光中射出来的一个电子以自由决断的意志选择了它的射出时刻和继续前进的方向，这种想法对我来说是无法忍受的。如果真是这样的话，我宁愿去当一个鞋匠，甚至是赌场的员工，而不是物理学家！"[469]

反过来，伦理学的历史阐明了道德自由并不意味着不确定性，而是意味着它的对立面，即确定性。柏拉图、斯宾诺莎和康德都没有将道德自由的概念追溯到一种自然观念。在柏拉图那里，道德自由通过纯粹的思想观照成为确定性；在斯宾诺莎那里是通过普遍性的理性规律；在康德那里是通过义务概念，即意志的自我合法性的表达。爱因斯坦从原则上遵循了这一传统。对他来说，"最终目标和实现它的意愿"[470]来自

爱因斯坦同他的女秘书海伦·杜卡斯在普林斯顿，拍摄于 1940 年

"基督教-犹太教传统的地区",这在"犹太人民中最好的那部分人"[471]身上体现得最好。他认为,最好的那部分人是那些有能力独自创造"高贵和崇高"的人。"优秀人物身上所体现出的道德天赋让他们有优先权去树立起具有如此广度和深度的伦理规范,人们可以将其看作他们无数个人情感经历的证明。"[472]爱因斯坦希望犹太教-基督教传统去除掉其拟人化的特征。他不关心任何类型的神,他关心的是人性。他对超验形式下流传下来的教义信条不感兴趣,但对它们如何回馈社会感兴趣。对爱因斯坦来说,基督教-犹太教传统的要义在于在生活中以及对生活的道德态度,这不包含任何拟人化的描述。通过这种态度,人能够了解到他的目标在于"快乐和自愿地把他的力量用于服务于所有人类的整体"。为他人服务,因为"只有为他人服务的生活才值得去生活",这是"道德上的责任",是对"所有人团结起来"[473]的要求。他非常具体地去理解这种要求:"我是如此深感自己同所有活着的人合为一体,以至于我不在乎个人在何处开始和结束。"[474]爱因斯坦的人物形象可以理解为他的伦理哲学遗产。

时代批评

公众生活被对业绩和成功的崇拜所支配[475],没有人会去过问事物和人类在与社会道德目标关系中的价值所在。经济资源分配不均,残酷的经济斗争导致"道德被连根拔起"[476]。美德和真理的概念都没有什么作用,艺术已经失去了它在集体中的维系力,价值观的下降威胁到文化遗产,各种"生命的神圣"[477]走向消亡。最重要的是,"自我意志的真理"[478]这一概念再也找不到追随者。整整一代的研究人员都忘记了,如果科学只有实际的目标,它就会枯萎。尽管现代研究的结果不可或缺,非常有用,但它们不应该是寻求真理的最终目的。爱因斯坦问道,我们是否忘记了开普勒和牛顿这两位伟人的例子?"开普勒和牛顿对世界构造的理性有着多么深刻的信念,对理解这个世界有着多么强烈的渴望,即使是稍微一瞥,也一定是显而易见,这让他们得以在多年的孤独工作中解开天体力学运行机制的谜题！"[479] 在开普勒的作品《宇宙的奥秘》中,爱因斯坦在献词下画线作了标记:"我们的造物主在感官之外还为我们加上了精神,这不仅仅是为了让人能够谋生,还是为了让我们从用眼睛观察事物的存在转为去探究它们存在和变化的原因,即使这样做并没有任何进一步的用处。"[480] 找回真理、美、道德的自我价值,即找回生活本身,这对爱因斯坦来说是当前最迫切、最紧要的存在主题,比任何其他专注于进步的活动都更有用。他把实现这一目标的希望寄托在教育和学校上。

第 12 章

新型文化

爱因斯坦关于教育和学校的"个人经历和个人信念"[481]与他理论物理学方面的成就相比似乎不值一提。也许这就是为什么他在教育改革方面的建议很少被人归纳和总结。但为什么不听听他在这方面的想法呢?毕竟他在众人仰视的科目上取得了最大的成功。他花了半个世纪的时间来研究数学和物理,而就德语这一科目而言,他留下的各种文字材料堪比作家,其中常常会阐述关于教育的一些核心观点。在教育问题上,"对真理的片面认识"是不够的,"要想让真理永存,就必须不断赋予它新生命,不断重新争取获得新知识。它就像一座由大理石制成的雕像，矗立在沙漠中，随时面临被流沙吞噬的风险。必须有人一直为维护它而辛勤工作，才能让大理石在阳光下始终保持其闪耀光芒。我的双手也应该用来做这项维护工作"[482]。

个体的观念

爱因斯坦曾是一个"发育迟缓的人"，两岁半时才学会清晰地说话[483]——然而与同龄人的平均水平进行比较，这又能说明什么呢？每个孩子都有属于自己的时钟，这是爱因斯坦关注"个体"领域的原因之一。他指出，我们不能等同于"蜜蜂或蚂蚁"[484]。如果一个集体是由"没有个人特质和个人目标的标准化个体"[485]组成的，那将是一个"多么可怜的集体啊！"这让人想起卡尔·罗杰斯（Carl Rogers）的一句话，他和爱因斯坦差不多同时提出这样的观点：当两个人会面时，他们的意图不应该是达成一致意见，而应该是"表达分歧"。他们二人相互支持，每个人都表述清楚自己的观点，每个人都去达到自己的最佳状态。[486] 在爱因斯坦的自我评价中，他这位"独行者"从来就没有成为"集体的无意识工具"，从来没有作为"顺从的臣仆"[487]去寻求适应。然而，他将个体性提升到人类学的原则，则是基于他的世界观。"只有单独的个体才能够思考，从而为社会创造新的价值，甚至树立新的道德规范，集体生活就是根据这些规范而进行的。如果没有创造性、独立思考和个体的判断，要实现社会的更高程度发展是不可想象的……希腊—欧洲—美国文化，特别是欧洲中世纪的停滞状态所引发的意大利文艺复兴的繁荣文化，是建立在个体解放和个体的相对独立性基础之上的，这种说法不无道理。"[488] 个体及个体的集合，即不同个体的多样化组合，才是一个集体的活力元素，是集体的幸福和机会。发现和培养自己的特殊个性，这应该是每个人为实现自己的幸福而不可或缺的发展目标。从这一观点出发会产生如下的教学效果。

> 教别人学会专业知识,这是不够的。这样做的话不过能使其成为一种可用的机器,但不能发展出一种成熟的人格。重要的是让这个人能得到一种切身感受,知道什么才是值得追求的。他能切身体验到什么是美的,什么是道德上的善。否则,拥有专业知识的人就只不过类似于一只训练有素的狗,而不是一种和谐发展的生物。
>
> ——阿尔伯特·爱因斯坦

首先,教师必须对学生的个性展示出高度的"宽容"[489]。根据爱因斯坦的说法,他们的自我存在必须得到尊重、保护和促进。"因为一切真正伟大和崇高的事物都是由个体通过自由追求而创造的。……这种观点会让人……不仅能包容人和人类群体的多样性,而且乐意去肯定它,能感受到它丰富了我们的存在。这是宽容的真正本质。"[490] 如果一个老师在这方面树立了一个明确无误的榜样,孩子们也会学会接受和欣赏他们之间的多样性。

其次,与之相应,制定课程规划时,不能让一个班的孩子都整齐划一，不加区别。每个孩子都需要自己独特的学习环境。当教师只能照顾到少数人，却无法满足大多数时，这就是在浪费时间。

最后，从老师的个性来看，对学习中的孩子需要给予信任和鼓励，不得对孩子进行精神伤害、贬低或羞辱。"缺乏同理心、以自我为中心的教师的羞辱或精神压迫会对孩子的思想造成严重而不可修复的伤害，这往往对孩子们以后的生活产生灾难性的影响。"[491]相互信任与自信有利于孩子的发展。在这种环境中，爱学习的孩子能够得到练习，自我负责并独立地尝试使用自己的技能，并继续加以训练——孩子应该能养成健康的自信心，进行与自己能力相适应的训练。

神圣的好奇心[492]

爱因斯坦认为，好奇心是他所有工作中最新鲜的源泉。它在每一个健康的孩子身上起作用，表现为"对对象的浓厚兴趣或追求真理和理解的需要"[493]。这是最强大的精神力量。没有好奇心的话，爱因斯坦就不可能完成他的事业。[494] 好奇心由惊奇、惊异所激发，柏拉图曾热情洋溢地描述过这种"去感到惊异"（mirari）。产生惊奇，这就已经站在了"所有科学和艺术的摇篮"[495] 的边缘。惊奇感会让人对看似普通之物产生一个疑问，而这则导向了所有文化产物的起源。无论是接受还是积极地形成理解的意愿、解答问题的意愿及表达的意愿，这不仅贯穿于科学和艺术的职业之中，而且在理想的情况下也应该是学校生活的日常。当好奇心消失之时，一个人就"可以说是死掉了"[496]。这就是为什么学校必须保护和培育来到这里的孩子们的好奇心这株"脆弱的小植物"[497]，并由此出发来开展教育活动。然后，学校会被年轻人视为"一种礼物"。"我遇到过一些孩子，他们更愿意去上学，而不是放假。[498] 我真的……相信，应该让人们去从事崇高的事业，从而通过追求理解，通过创造性和可感知的精神工作，间接地使他们变得高尚起来，这才是为人类服务最好的方式。"[499]

错误的动机

如果在班上举行一场数学考试，那么只要遵守规定的算术规则，大多数卷子都可能会得出一个正确的结果，所有按照这些规则进行正确解答的卷子都能自然能获得同样的好分数——但是这样的做法与爱因斯坦的基本原则有一些不一致：在处理这件事情上的不同动机。"在每一件成就的背后都是情感动机，这是取得成就的基础，反过来又会被所获得的成就加强和培养。这是存在最大差异的地方，它们对学校的教育价值具有最为重要的意义。"[500]

学生可以努力工作以取得"成功"，并期望他们的才能可以获得回报。然而，教师应该警惕，不要"将成功……作为人生目标来宣扬。因为一个成功的人在大多数情况下都是从别人那里获取到了太多太多，通常比他为别人做出的贡献要多得多"。[501] 有些人则出于对失败和惩罚的恐惧，会努力满足这些要求；此外可能还有些雄心勃勃的人，他们需要认可，他们想要胜过其他人。教师也必须对这些群体保持警惕：这是"一种激发雄心的好手段"，可以推动学生"不懈奋斗"。然而，用生存斗争理论或"经济中的无政府竞争体制"来使"激发竞争精神"，这是"错误的"做法，因为人"在生存斗争中的力量"要归结于他作为社会存在的品质。"然而，努力争取被认为比别人或别的同学更好、更强或者更聪明，会很容易导致一种过度的自私心理态度，这可

亚瑟·萨斯（Arthur Sasse）所拍摄的获奖照片，他在普林斯顿一次纪念爱因斯坦72岁生日的午宴后喊道："请微笑一下！"爱因斯坦让他拍了好几张照片！寿星身边的人是弗兰克·艾代洛特夫妇（Frank Aydelotte）

能对个人和对社会都相当有害。"[502]

所有这些形式的动机都存在一个共同的问题：每个科目都不是出于自身的缘故而存在的。例如数学这种科目，本身并不是为运算而运算的。对爱因斯坦来说，为事物本身而去做一件事，这是他教育学的支柱。在他的哲学家朋友叔本华那里，他读到这句话："但是只有与之直接相关的人，以及出于对它的热爱而参与其中的人，才会认真地做一件事。……最伟大的成就总是出自这样的人，而不是来自靠这件事挣钱养家的人。"[503]

自由

任何形式的胁迫、任何程度的暴力都会扼杀自我的发展，扼杀好奇心、独立思考、自信、正直，甚至任何"健康的生活感受"[504]。爱因斯坦憎恶任何形式的压迫，并拒绝将由此产生的恐惧作为人类去做或不做某件事的可能动力。"在我看来，没有一个目标可以高到用不体面的方法去实现它。暴力可能……可以迅速消除障碍；但它从未展示出任何创造性。"[505] 爱因斯坦像喊口号般高呼的是另一个相反的概念：自由。他认为自由是"欧洲精神发展的最高成果之一"。[506] 每个孩子，每个成年人都有自己的思想、感情和行动的自由。每个人都应该可以不受惩罚地表达自己的意见。自由是包容与融合的温床，可以让各种创意都在其中得以蓬勃发展。自由在这里有双重含义：努力摆脱某些东西的消极自由，以及形成精神价值的积极自由。如果没有他们个人内在和外在的自由，莎士比亚、歌德、牛顿、法拉第（Faraday）、巴斯德（Pasteur）等个人就不会让人类得以丰富。"因为只有自由的人才能创造那些发明和精神价值，使我们现代人的生活显现出意义。"[507] 正如爱因斯坦所理解的那样，自由绝不会导致一个人在纯粹的随心所欲中变得野性十足或邋遢堕落；相反，它会让良善得以滋长，无论是对个人还是对集体而言都是如此。[508]

理性与感性

"感受和渴望是所有人类奋斗和创造的动力。"[509]

因此，逻辑思维在丰富多彩的人类思维中只能占据一隅之地。在一个更大的空间中充满的是感情——快乐、希望、渴求、恐惧……，这是教育学不能忽视的情感部分，因为它对学习至关重要。一个自然科学专业的教师如果不顾理解和学习的完整性，以实证工作压缩他的领域，他就不能完成任何富有成效的教学工作，激情、快乐、乐于思考的情况也不会在课堂上出现。

1986年诺贝尔物理学奖得主格尔德·宾宁（Gerd Binnig）对自己学生时代的回忆就是爱因斯坦意义上的学校生活："学习也开始变得有趣。……原则上，我们不应该仅仅为了拥有知识而学习，而应该用它做点什么。……这就是孩子般的学习。它是出于好奇而学，通过试验来学，通过自己动手来学。这是对我有意义的唯一一种学习方式。在自然界中显然就是这样来学习的，只不过我们还没有理解它。"[510]

对爱因斯坦来说，学校教育最重要的任务是唤起"工作的乐趣"，并将为集体工作的价值观转化为普遍的意识。"只有这样的心理基础才能带来为人类最高利益而奋斗的快乐：那就是获取认知和创造艺术。"[511]

创造性思维

从恩斯特·马赫那里，爱因斯坦了解到，从日常思维到科学思维是持续的过程，不会有质的飞跃。[512] 他在教育领域想要实现的东西应该适用于认知工作的各个层面。爱因斯坦在柏林期间与心理学家马克斯·韦特海默（Max Wertheimer）详细讨论了这些与认识能力有关的观点（而且，受这些对话的启发，韦特海默写了一本内容深刻的关于"创造性思维"的书）。[513] 根据这两位研究人员的设想，认知能力的发展呈螺旋式上升。例如，如果一个孩子关心为什么月亮有时看起来很小，有时看起来又很大的问题，第一个答案可能是：因为它有时候吃得多，有时候吃得少。随后，这个好奇的孩子会随着他对宇宙知识的增加而选择一个不同的答案——至于这个答案是对还是错，这不是我们要关心的事。我们更需要关心的是，一个孩子能够在问答游戏中自己去设计一个连贯的画面，从而增强他的自信心，继续独立思考。爱因斯坦说，这种思维与情感是紧密交织在一起的。最初，感情与愿望是否实现相关联。我们希望积极的感觉会持续下去，努力认识到消极的感觉，避免一切形式的痛苦。这两种体验倾向都可以通过设想、想象和思考得以翻倍——思想层面得到情感的加持。因此，仅仅是一个想法就可以带来快乐或制造精神紧张，甚至引发绝望。幸福和不幸的感觉就这样进入头脑之中。[514] 对于韦特海默和爱因斯坦来说，这种认知和情感的等效性起到了决定性作用：思维意味着在认知上对一些具有情感张力的元素（理论命题或经验数据）重新进行排列、分类、组合、集中，直到创建出一个更清晰、更简洁的图像，思维的完成就会引发喜悦之情。然而，感情不仅伴随着心理活动，它们本身也为逻辑发展指明方向。在这种情况下，爱因斯坦谈到了"方向感"或"直觉"，因为逻辑本身是盲目的。"在理论问题上对论据的权衡仍然是……一个直觉问题。"[515] 相对论产生的例子让两位研究者看到他们的思想理论得到了证实。这些见解具有重大的教育意义，因为其要求把学习者在认知和情感上作为一个整体的人去看待。

传统

在爱因斯坦看来，学校把传授目前为止已知的知识作为自己的任务。没有谁是知识的源头，没有谁需要从零开始。即使一个人打算要打造一个新的现象链（席勒），传统也预先在他身上发挥了作用。爱因斯坦把过去文化创造的成果看作过去对现在的赠予，这些成果必须在课堂上得到传播。但在这里要小心，丰厚的遗产也可能成为沉重的包袱，扼杀一个人自己独有的创造性思维。学校的任务不是"向成长中的一代灌输尽可能多的知识"，"知识是死的"。[516] 我们需要采取某种聪明的教育学，突出"最为重要，最为基础"[517] 的东西，将其从博闻强记中剥离出来，后者多少算是可有可无——有必要从浩瀚的知识海洋中汲取出那些可以激发和鼓励学生独立思考的东西。

集体

对爱因斯坦而言,反映在社会行为中的性格力量和智力成就二者密不可分。[518] 这就可以理解为什么社会性的学习对他来说是最崇高的教育任务之一。学校应该去促进学生发展那些对集体的繁荣有价值的品质和技能。"一个人的价值在于……他付出什

阿尔伯特·爱因斯坦和孩子们一起过 70 岁生日,拍摄于 1949 年 3 月 14 日

么，而不在于他曾经或现在能够得到什么。"[519]通过思考和经验可知，我们是依靠前人及我们同时代人的成就而存在，我们吃的面包是由许多人的工作制作出来的。爱因斯坦看到了一个宽广的网络：每个节点代表一个行动中的人，他通过他的工作与其他人联系起来。孩子们应该去寻找自己与这张网的连接点，他们必须知道，乐趣不仅仅在于接受别人所提供的东西，而且还在于可以传递自己的贡献。萌芽正是在此处得以生根，成长为有意义的生命体。每个人都必须去寻求和找到他作为个体的贡献所在，没有谁就应该高人一等——因为多样性才会为集体带来活力。

人物述评

马克斯·玻恩

爱因斯坦理论的成就是……空间和时间概念的相对化和客观化。它为今天的科学世界观带上了一顶皇冠。

《爱因斯坦相对论》导论，1921年

J. 克雷默（J. Kremer）

我不知道在科学史上是否发生过类似的众口铄金，误导严肃学者的情况，其规模之大，几乎难以思议。很难理解，数学家、物理学家、哲学家这些理性的人怎么会让自己被说服去做这样的事情，即使是暂时的……

《反对爱因斯坦的100名作家》,莱比锡1931年

马克斯·冯·劳厄

你的工作靠激情是永远无法实现的,只要地球上还有文明人的存在,它就会持续下去。

1939年1月10日的信

马克斯·普朗克

它的意义(指爱因斯坦的相对论)延伸到所有大小自然界的全部进程之中,从辐射出波和粒子的放射性原子到数百万光年外天体的运动。

《新物理学的世界观》,莱比锡1947年

加斯东·巴什拉(Gaston Bachelard)

如果哲学家们愿意接受相对论科学中包含的所有观点的话,与哥白尼转向的哲学隐喻相比,爱因斯坦革命的哲学驱动力可能是以一种完全不同的方式发挥作用的。基本概念的系统革命始于爱因斯坦

的科学，……在科学领域正在发生尼采所说的"对概念的价值重估"。

《作为哲学家和自然科学家的阿尔伯特·爱因斯坦》，斯图加特 1951 年

尼尔斯·玻尔

人类要永远感谢爱因斯坦，他解决了人类在对绝对时间和绝对空间的想象中产生的困难。他创造了一个统一和谐的世界观，超越了过去时代最疯狂的梦想。

《科学美国人》，1955 年

莫里斯·索洛文

我爱他，钦佩他的伟大善良、他的精神独创性和他不屈不挠的道德勇气。他的正义感非常强烈，无与伦比。与大多数所谓的知识分子不同，他们的道德感往往如此扭曲而有害，爱因斯坦则不知疲倦地公开反对一切不公正和暴力。他将活在后人的记忆中，不仅作为一个不寻常的科学天才，而且作为

一个体现最高道德理想的人。

《与爱因斯坦的友谊》,巴黎 1956 年

库尔特·布鲁门菲尔德

爱因斯坦生来就不是一个墨守成规的人。对他来说,自然法则的存在就与他所看到并认识到的一样。他的整个生命都在反抗人类的专制法律。

《光明时间—黑暗时间:纪念阿尔伯特·爱因斯坦》,苏黎世 1956 年

帕布罗·卡萨尔斯(Pablo Casals)

爱因斯坦去世后,世界似乎失去了重量,失去了一部分实在的东西。

弗里德里希·赫内克:《阿尔伯特·爱因斯坦,追求真理、人性与和平的一生》,柏林 1963 年

托马斯·曼

他的科学也曾无辜地为世界的悲惨进程和残暴的威胁提供助力,这样的悲伤带来并加剧了他身体

上的痛苦，最后也缩短了他生命的长度。难道有人会对此表示怀疑吗？

但作为获得了神话般的权威加持的人，他在极端时刻仍将面临厄运。如果说今天所有民族、肤色和宗教听到他去世的消息时都显示出一致的悲伤和惊愕，那么其中表达了一种非理性的感觉，即他的存在本身就应该能够阻碍下一次灾难的发生。阿尔伯特·爱因斯坦这位人类的荣誉救世主去世了，他的名字永远不会消亡。

《关于阿尔伯特·爱因斯坦之死》《自传》，法兰克福1968年

阿明·赫尔曼

（爱因斯坦的）孤独以一种奇怪的方式同他所感到的强烈的社会责任感形成对照，决定了他的行为。他牺牲了很多时间来帮助处于困境中的人。

《爱因斯坦，世间智者和他的世纪，一本传记》，慕尼黑2004年

史蒂芬·霍金

爱因斯坦几乎单枪匹马地创造了广义相对论，并在量子力学的发展中扮演了重要角色。他用一句话总结了他对后者的态度——"上帝不会掷骰子"。但一切都表明上帝是一个不可救药的玩家，他会抓住一切机会掷骰子。

《爱因斯坦的梦想》，莱因贝克 1993 年

给在普林斯顿默瑟街 112 号阿尔伯特·爱因斯坦的信

时间年表

1879年	3月14日,阿尔伯特·爱因斯坦出生在(多瑙河畔)乌尔姆市的犹太家庭。(父亲:赫尔曼·爱因斯坦,1847—1902年;母亲:保利娜·爱因斯坦,娘家姓科赫,1858—1920年;出生地:火车站大街)
1880年	爱因斯坦一家搬到慕尼黑
1881年	11月18日,妹妹玛雅出生
1888年	进入慕尼黑路易波尔德文理中学就读
1892年	学习微积分;研究欧几里得几何;阅读亚伦·伯恩斯坦的《自然科学大众丛书》和路德维希·毕希纳的《力与物质》
1894年	父母搬到意大利;未毕业就离开学校;放弃德国公民身份;前往米兰投奔父母

1895年	参加瑞士苏黎世联邦综合技术学院入学考试，未获成功；10月，成为阿劳州立中学的学生
1896年	阿劳州立中学毕业；10月，注册进入苏黎世联邦综合技术学院的数学与物理专业教师方向。与同学马塞尔·格罗斯曼、路易斯·科尔罗斯、雅各布·埃拉特、米列娃·马利奇结下友谊，米列娃后来成为他的妻子。初遇赫尔曼·闵可夫斯基教授、阿道夫·胡尔维茨教授（后来成为朋友）、助教约瑟夫·绍特博士（后来成为瑞士伯尔尼专利局的同事）
1898年	冬季学期，在苏黎世综合技术学院完成中期考试
1900年	初夏，通过毕业考试，完成大学学业
1901年	2月21日，成为苏黎世市公民；成为温特图尔技术学院助理教师；在沙夫豪森男童寄宿学校短期担任助理教师；首次独立发表论文《毛细管现象所得的推论》
1902年	与米列娃·马利奇成为伴侣；婚前女儿出生；父亲在米兰去世；6月23日，成为伯尔尼专利局职员；与莫里斯·索洛文和康拉德·哈比希特在"奥林匹亚科学院"中结下友谊，写出关于经典统计力学的作品（直到1905年）
1903年	1月6日，与米列娃·马利奇结婚，她1875年出生于匈牙利南部的蒂泰尔

1904年	5月14日,第一个儿子汉斯·阿尔伯特出生(在苏黎世上大学,自1938年以后在美国生活,后成为伯克利大学液压学教授);与同事米歇尔·安杰洛·贝索和约瑟夫·绍特讨论狭义相对论的思想
1905年	完成博士论文《分子大小的新测定方法》(导师为阿尔弗雷德·克莱纳教授,苏黎世);成果丰硕的科学年:发现光量子(1921年获诺贝尔奖),写出关于"布朗运动"的论文,关于狭义相对论的首篇论文《论动体的电动力学》
1907年	数学家雅各布·约翰·劳布从维尔茨堡来访,与劳布结下友谊,合作产出三篇论文;马克斯·冯·劳厄来访(劳厄在1911年写了两部关于相对论的作品)
1908年	赫尔曼·闵可夫斯基发表《狭义相对论的数学基础》(1907年就已经在《哥廷根通讯》上发表)《运动物体的电磁学过程基本方程》;在第80届德国博物学家和医生大会上做"空间与时间"的报告;鲁道夫·拉登堡教授来访,邀请爱因斯坦参加1909年秋在萨尔兹堡举行自然科学家大会;2月,在伯尔尼大学获得博士授课资格,1908—1909年冬季学期首次开设关于辐射理论的课程(只有三名听众)
1909年	在萨尔茨堡举行自然科学家大会,做"我们关于辐射的本质和结构的观点的发展"的报告;与重要的物理学家结交(普朗克、鲁本斯、维恩、索末菲、玻恩);夏季学期,因预估学生人数不足而没有开课;为苏黎世物理学会开

1909年	设讲座；被选举成为苏黎世大学编外教授；7月，成为日内瓦大学名誉博士（爱因斯坦生前获得约25个荣誉博士学位）；10月15日，爱因斯坦为在苏黎世履职教授而离开专利局；12月1日，在苏黎世大学就职，讲授"原子理论在近代物理学中的作用"；与同事和社会民主党人弗里德里希·阿德勒博士交友
1910年	与教授同事们的友好交往，包括阿道夫·胡尔维茨（爱因斯坦在苏黎世联邦理工学院的前老师）、马塞尔·格罗斯曼（前同学）、阿尔弗雷德·斯特恩（历史学家）、奥列尔·斯托多拉（Aurel Stodola，蒸汽和燃气轮机之父）、海因里希·仓格尔（灾难医学创始人）、埃米尔·齐歇尔（Emil Zürcher，刑法学家）；7月28日，第二个儿子爱德华出生
1911年	4月15日，收到来自布拉格的德国区大学任命；在布拉格任正教授；与格奥尔格·皮克（马赫的学生）、雨果·伯格曼（犹太复国主义哲学家）结交；首次产生对于广义相对论的重要思想（关于引力对光传播的影响）；在布鲁塞尔参加索尔维会议；与玛丽·居里、庞加莱、朗之万、普朗克、能斯特、卢瑟福、洛伦兹有了更进一步的交往
1912年	2月，得到苏黎世联邦理工学院的任命；由普朗克、居里夫人和庞加莱提供专家鉴定意见；10月，正式就职，担任理论物理领域的正教授
1913年	与马塞尔·格罗斯曼一起构思了《广义相对论纲要和引力理论》；参加维也纳博物学家和医生大会；被选举成为柏林普鲁士皇家科学院院士；被任命为威廉皇帝学会物理研究所所长

1914年	春,最终离开苏黎世;米列娃·爱因斯坦带着两个儿子回到苏黎世
1915年	发表三部重要著作:《关于广义相对论》《用广义相对论解释水星近日点运动》《引力的场方程》
1916年	完成广义相对论;首次计划对引力理论的普遍化;担任物理学会主席,任期两年
1917年	第一本"常识"书《论狭义和广义相对论》
1918年	在苏黎世大学客座授课(直到1920年);赫尔曼·外尔发表《空间、时间、物质》
1919年	5月29日,伦敦皇家学会科考队(在阿瑟·斯坦利·爱丁顿爵士的带领下)去往索布拉尔(巴西)和普林西比岛(几内亚湾),科考队在日全食的情况下证明了引力理论的正确性(重力场中的光线偏转);在莱顿大学讲座("以太和相对论");与米列娃离婚;与艾尔莎·爱因斯坦(阿尔伯特·爱因斯坦的堂姐)结婚
1920年	"相对论热",成为"报纸上的名人";母亲去世;参加瑙海姆德国博物学家和医生大会,诺贝尔奖获得者菲利普·莱纳德反对爱因斯坦的理论("反相对论有限公司");任莱顿大学编外教授;与尼尔斯·玻尔的私交("与爱因斯坦讨论知识论问题");马克斯·玻恩发表《爱因斯坦的相对论》;继续发表物理学领域之外的文字

1921年	与哈伊姆·魏茨曼共同访美，目的是为犹太国家基金募款；5月，在普林斯顿大学举办四次关于相对论的讲座；11月，因（1905年）发现光电效应而获得诺贝尔物理学奖，一年之后颁奖
1922年	在汉堡做关于相对论的讲座，在恩斯特·卡希尔（Ernst Cassirer）处做客；传言说，有人计划暗杀爱因斯坦；与居里夫人一起被选举为"国际知识合作委员会"（国际联盟）委员；在日内瓦和巴黎开会
1923年	访问巴勒斯坦；洛伦兹荣誉退休；在莱顿大学完成教学任务；在哥德堡北欧博物学家大会上演讲；前往英国、西班牙、捷克斯洛伐克、日本、巴勒斯坦旅行；发表关于统一场论的首篇论文，接下来继续发表了13篇相关论文，直到1955年去世
1925年	发表反对义务兵役宣言（此外还得到圣雄甘地在宣言上签名）
1927年	参加索尔维会议
1929年	在卡普特建造了一座乡间别墅
1930年	参加索尔维会议；继续在冬季的几个月里去往普林斯顿做客座授课
1933年	被撤销"德国荣誉公民权"，财产被没收；秋季，在比利时奥斯坦德附近的海滨度假胜地德汉；与柏林普鲁士皇家科学院通信；成为普林斯顿高等研究院教授

1934年	出版选集《我的世界观》；在纽约举行小提琴音乐会，为德国流亡科学家募款（收益为6500美元）
1935年	在旧莱姆的夏季小屋度假（美国康涅狄格州），在卡内基湖上进行帆船运动
1936年	与利奥波德·因菲尔德合作（直至1939年）完成《物理学的进化》《引力方程和运动问题》；老朋友马塞尔·格罗斯曼去世；第二任妻子艾尔莎·爱因斯坦去世
1939年	8月2日，给富兰克林·德拉诺·罗斯福写信（关于原子弹）
1940年	10月1日，获得美国公民身份，宣誓仪式在特伦顿举行（新泽西州）；在普林斯顿为救助儿童而举行小提琴音乐会
1944年	手写的《论动体的电动力学》（1905年）手稿在堪萨斯城以600万美元的价格拍卖，所得款项捐给国会图书馆
1945年	8月6日，原子弹在广岛爆炸；8月9日，原子弹在长崎爆炸
1946年	担任原子科学家紧急事务委员会主席团（以预防核战争）；发表《引力理论普遍化的基础》（刊登在《数学年鉴》）
1948年	在纽约进行诊疗手术；第一任妻子米列娃·马利奇去世

1949 年	发表《悼词》，见《阿尔伯特·爱因斯坦：哲学家-科学家》
1950 年	对引力理论的普遍化，发表《关于广义引力论》；出版选集《晚年集》
1951 年	妹妹玛雅·温特勒（玛雅·爱因斯坦）在普林斯顿去世
1952 年	被授予以色列总统的职位，并于11月拒绝；在喀土穆（苏丹）的科考工作再次证实了光线的曲率问题
1953 年	发表《对相对论的普遍化》（刊登在《数学年鉴》）；公开举办生日庆祝活动，以资助阿尔伯特·爱因斯坦医学院（净收入350万美元）
1954 年	疾病缠身：肝功能减退，溶血性贫血，身体虚弱；与伯特兰·罗素合作（发表《罗素-爱因斯坦宣言》）
1955 年	4月18日，阿尔伯特·爱因斯坦在普林斯顿去世（死因："腹腔主动脉硬化性动脉瘤破裂"）

注释

文献缩写

Bo Albert Einstein, Hedwig und Max Born. Briefwechsel 1916 bis 1955. München 1969

C Ronald W. Clark: Albert Einstein. Leben und Werk. Esslingen 1974

Fr Philipp Frank: Einstein. Sein Leben und seine Zeit. München, Leipzig, Freiburg i. Br. 1949

H Armin Hermann: Einstein. Der Weltweise und sein Jahrhundert. Eine Biographie. München, Zürich 32004

He Helle Zeit – Dunkle Zeit. In memoriam Albert Einstein. Hg. von Carl Seelig. Zürich, Stuttgart, Wien 1956

Hof Banesh Hoffmann: Albert Einstein. Schöpfer und Rebell. Frankfurt a. M. 1978

Sch Albert Einstein als Philosoph und Naturforscher. Hg. von Paul Arthur Schilpp. Stuttgart 1951

Se Carl Seelig: Albert Einstein. Eine dokumentarische Biographie. Zürich, Stuttgart, Wien 1954

Solo Albert Einstein: Briefe an Maurice Solovine. Faksimile-Wiedergabe von Briefen aus den Jahren 1906 bis 1955. Paris 1956

Sp Albert Einstein: Aus meinen späten Jahren. Zürich 1952

(enthält größtenteils deutsche Original texte)

Sp* Albert Einstein: Aus meinen späten Jahren. Stuttgart 1979 (enthält aus dem Amerikanischen rückübersetzte Texte)

We Albert Einstein: Mein Weltbild. Hg. von Carl Seelig. Frankfurt a. M. 1968

1 Sp*, S. 207
2 We, S. 24
3 Ebd., S. 8
4 Max Flückinger: Albert Einstein in Bern. Bern 1961, S. 14
5 H, S. 71
6 Ebd.
7 Vgl. ebd., S. 70
8 Hof, S. 23
9 H, S. 89
10 Ebd., S. 76
11 Ebd., S. 90
12 Ebd., S. 81
13 Sch, S. 1
14 H, S. 98
15 Sch, S. 6 f.
16 H, S. 83
17 Vgl. ebd., S. 77
18 He, S. 9
19 Ebd.
20 Se, S. 23
21 Vgl. H, S. 97
22 He, S. 9 f.
23 Se, S. 47
24 He, S. 11
25 Se, S. 36
26 Ebd., S. 35
27 1882年赫尔曼·闵可夫斯基被授予巴黎大数学家奖章。他在柯尼斯堡担任教授，从1896年到1901年担任苏黎世联邦工学院教授，是爱因斯坦的老师；从1901年起在哥廷根担任教授。闵可夫斯基为狭义相对论奠定了数学基础（时空连续体），1907年发表《运动物体的电磁学过程基本方程》，1908年发表《空间与时间：对德国博物学家和医生所做的报告》
28 Se, S. 33
29 He, S. 10
30 马塞尔·格罗斯曼，是与爱因斯坦关系最好的同学。他先是担任苏黎世联邦理工学院的助教，后来成为数学教授。他与爱因斯坦共同致力于广义相对论的数学扩展，1913年共同发表论文（刊登在《自然科学研究者协会季刊》)。

31 He, S. 11 f.
32 路易斯·科尔罗斯,与爱因斯坦一起在苏黎世联邦理工学院上大学,是一位有天赋的数学家。他先是担任胡尔维茨教授的助教,后来成为苏黎世联邦理工学院的几何学与数学教授。Vgl. Louis Kollros: Erinnerungen eines Kommilitonen. In: He, S. 17–31
33 雅各布·埃拉特,与爱因斯坦一起在苏黎世联邦理工学院上大学。他先是在一家德国学校当老师,后来担任从前的同学马塞尔·格罗斯曼教授的助手,再后来成为温特图尔州立学校的数学教授。
34 阿尔弗雷德·斯特恩,苏黎世联邦理工学院的修辞学教授,十卷本欧洲史的编著者,此外他对物理学问题也感兴趣(斯特恩听过亥姆霍兹和基尔霍夫的课)。在读大学期间,爱因斯坦特别喜欢去斯特恩教授家做客(一起演奏音乐),后来他们有通信往来。
35 Se, S. 58 f.
36 康拉德·哈比希特,爱因斯坦的好友,"奥林匹亚科学院"成员之一,(瑞士格劳宾登州)希斯的一名数学和物理教师。
37 Se, S. 61
38 Joachim Fernau: Die Genies der Deutschen. Düsseldorf 1968, S. 192
39 He, S. 9
40 Ebd., S. 12
41 Se, S. 64
42 H, S. 10
43 Ebd., S. 12
44 Se, S. 53
45 H, S. 101
46 Ebd. S. 11
47 Ebd.
48 We, S. 12
49 H, S. 207
50 Ebd.
51 Ebd., S. 208
52 Ebd., S. 14
53 Ebd., S. 53
54 Hof, S. 298
55 Vgl. Johannes Wickert: Lachen und Weinen. RadioART: Essay. SWR. Kulturelles Wort. Baden-Baden 2003

56 Solo, S. VI
57 Ebd.
58 Ebd.
59 Ebd., S. VII
60 Ebd., S. VIII
61 Ebd.
62 Ebd., S. 90
63 Ebd., S. 124
64 Ebd., S. 48
65 Bo, S. 25 f.
66 Se, S. 96
67 Sch, S. 505
68 Hans Saner: Karl Jaspers. Reinbek 1970 (rowohlts monographien 169), S. 46
69 Solo, S. 90
70 Se, S. 163
71 Vgl. Johannes Wickert: Zum produktiven Denken bei Einstein. Ein Beitrag zur Erkenntnispsychologie. In: Einstein-Symposion Berlin aus Anlaß der 100. Wiederkehr seines Geburtstages. Hg. von H. Nelkowski, A. Hermann, H. Poser, R. Schra-der und R. Seiler. Lecture Notes in Physics. Vol.100. Berlin, Heidelberg, New York 1979, S. 455 f.
72 Sch, S. 208
73 H, S. 527
74 Ebd., S. 357
75 Hof, S. 181
76 H, S. 341
77 Se, S. 18
78 Ebd.
79 Ebd., S. 43
80 Ebd.
81 H, S. 45
82 Hof, S. 192
83 Ebd., S. 288
84 H, S. 491
85 Ebd., S. 342
86 Ebd., S. 172
87 Ebd., S. 342
88 Hof, S. 206
89 We, S. 108
90 H, S. 297
91 Ebd.
92 Sp*, S. 232
93 Se, S. 134
94 Ebd.91
95 H, S. 388
96 Ebd., S. 340
97 Se, S. 135
98 Ebd., S. 136
99 Sp, S. 223
100 Vgl. Sch, S. 1–35

101 Ebd., S. 3
102 Ebd.
103 We, S. 9f.
104 Se, S. 84
105 Sch, S. 5
106 Friedrich Herneck: Albert Einstein. Ein Leben für Wahrheit, Menschlichkeit und Frieden. Berlin 1963, S. 34 f.
107 Sch, S. 1
108 Ebd.
109 Ebd., S. 5
110 Ebd.
111 Ebd., S. 6
112 阿道夫·菲施，苏黎世联邦理工学院教授，曾于爱因斯坦一起在阿劳州立中学就读。
113 Se, S. 34
114 Vgl. Karl von Meyenn: Einsteins Dialog mit den Kollegen. In: Einstein Symposion Berlin. A. a. O., S. 464 – 489
115 We, S. 132
116 Sch, S. 12
117 We, S. 159; vgl. ebd., S. 151
118 Ebd.
119 Vgl. Heinrich Hertz. Gedenkfeier der Freien und Hansestadt Hamburg am 24. Februar 1954. Hamburg 1957
120 Vgl. Sch, S. 10 f.
121 Se, S. 13
122 Leopold Infeld: Albert Einstein–seine Persönlichkeit, sein Werk und seine Zeit. In: Universitas. Jg. 23, H. 5 (1968), S. 461
123 Fr, S. 459
124 Se, S. 169f.
125 Vgl. Sch, S. 6
126 Galileo Galilei: Dialog über die beiden hauptsächlichen Weltsysteme, das ptolemäische und das kopernikanische. Leipzig 1891, S. 59
127 Vgl. Bo, S. 3
128 Ebd.
129 Vgl. Sch, S. 504f.
130 Ebd., S. 6
131 Ebd.
132 Se, S. 124
133 Solo, S. 48
134 Se, S. 83
135 Sch, S. 40
136 Se, S. 84
137 Vgl. Johannes Kepler: Weltharmonik. München, Berlin

1939

138 Vgl. Leonhard Euler: Réflexions sur l'espace et le temps. Berlin 1748

139 Vgl. Henri Poincaré: Wissenschaft und Hypothese. Leipzig 1914

140 Vgl. Bertrand Russell: Physik und Erfahrung. Zürich 1948

141 Vgl. Max Planck: Sinn und Grenzender exakten Wissenschaft. Leipzig 1947

142 Albert Einstein: Ernst Mach. In: Physikalische Zeitschrift. Nr. 7, 17. Jg., Berlin, Göttingen, Heidelberg 1916, S. 101

143 Ebd.

144 Sch, S. 5

145 Albert Einstein: Ernst Mach. A. a. O.

146 Ebd.

147 Ebd.

148 Ebd.

149 Sch, S. 507

150 Ebd.

151 Ebd.

152 Ebd., S. 508

153 Ebd.

154 Vgl. We, S. 35 f., 107 f., 171 f.; Sp, S. 25 f., 63 f., 122 f.

155 Sp, S. 29

156 Ebd. S. 63

157 Ebd.

158 Sch, S. 2f.

159 Sp, S. 120

160 Ebd.

161 We, S. 120

162 Solo, S. 120

163 Vgl. Sch, S. 4 und Sp, S. 103

164 Sch, S. 4

165 Ebd.

166 Ebd., S. 504

167 Ebd.

168 Ebd., S. 5

169 Ebd., S. 8f. und Sp, S. 67

170 We, S. 171f.

171 Sp, S. 67

172 Ebd.

173 We, S. 144

174 Ebd.

175 Vgl. ebd., S. 116 f.

176 Vgl. Max Planck: Acht Vorlesungen über Theoretische Physik. Leipzig 1909, S. 117

177 Se, S. 90

178 Ebd., S. 107

179 Leopold Infeld. A. a. O., S. 463

180 Se, S. 82
181 Ebd., S. 163
182 Sch, S. 20
183 We, S. 128
184 Ebd., S. 129
185 Ebd.
186 Sch, S. 7
187 Isaac Newton: Mathematische Prinzipien der Naturlehre. Darmstadt 1963, S. 25
188 Ebd.
189 Vgl. Ernst Mach: Die Mechanik. Historisch-kritisch dargestellt. Darmstadt 1963, S. 217
190 Ebd.
191 Albert Einstein: Ernst Mach. A. a. O., S. 103
192 Max Born: Die Relativitätstheorie Einsteins. Berlin, Göttingen, Heidelberg 1964, S. 189
193 Ebd., S. 191
194 Hermann Minkowski: Die Grundgleichungen für die elektromagnetischen Vorgänge in bewegten Körpern. In: Nachrichten der Königlichen Gesellschaft zu Göttingen. 1908, S. 54
195 Sch, S. 20
196 Vgl. Max Born. A. a. O., S. 194 f.
197 Vgl. Albert Einstein: Über die Spezielle und Allgemeine Relativitätstheorie. Braunschweig 1920, S. 16 f.
198 Albert Einstein: Vier Vorlesungen über Relativitätstheorie. Braunschweig 1922, S. 19
199 Vgl. Albert Einstein, Leopold Infeld: Die Evolution der Physik. Wien 1950, S. 219
200 Ebd., S. 226 f.
201 Max Born. A. a. O., S. 219
202 Albert Einstein: Über die Spezielle und Allgemeine Relativitätstheorie. A. a. O., S. 37
203 Hermann Minkowski: Raum und Zeit. Gesammelte Abhandlungen von H. Minkowski. Leipzig, Berlin 1911. Bd. II, S. 431
204 Albert Einstein: Über die Spezielle und Allgemeine Relativitätstheorie. A. a. O., S. 38
205 Se, S. 85

206 Ebd., S. 87 f.
207 Ebd., S. 89
208 Ebd., S. 90
209 Ebd., S. 92 f.
210 Ebd., S. 77
211 Ebd., S. 100
212 Friedrich Herneck. A. a. O., S. 31
213 Sch, S. 18
214 H, S. 130
215 Stephen W. Hawking: Eine kurze Geschichte der Zeit. Die Suche nach der Urkraft des Universums. Reinbek 1991, S. 79
216 H, S. 43
217 Ebd.
218 Friedrich Herneck. A. a. O., S. 32
219 H, S. 424 f.
220 Stephen W. Hawking. A. a. O., S. 77 f.
221 H, S. 310
222 Hof, S. 227
223 We, S. 158
224 Sch, S. 494
225 Ebd.
226 Vgl. ebd.
227 Vgl. Max Jammer: Albert Einstein und das Quantenproblem. In: Einstein-Symposion Berlin. A. a. O., S. 146 f.
228 Solo, S. 74
229 Vgl. Max Born: Physik im Wandel meiner Zeit. Braunschweig 1958, S. 111
230 Sp, S. 33
231 Ebd.
232 Se, S. 106
233 Ebd.
234 Ebd., S. 108
235 Ebd., S. 117
236 Ebd., S. 138
237 Ebd.
238 He, S. 36
239 Se, S. 116
240 Ebd., S. 106
241 Ebd., S. 117
242 Ebd., S. 137
243 Ebd., S. 138
244 Ebd., S. 119f.
245 Ebd.
246 Ebd., S. 121f.
247 Ebd.
248 Ebd.
249 Ebd.
250 Ebd., S. 123
251 Ebd.

252 Fr, S. 147
253 Ebd.
254 Ebd.
255 Ebd., S. 148
256 Einstein – anekdotisch. Hg. von Steffi und Armin Hermann. Mün
257 H, S. 173
258 Ebd.
259 Fr, S. 146
260 Ebd.
261 Ebd.
262 Se, S. 144
263 H, S. 177
264 Fr, S. 152
265 Sp, S. 11
266 Se, S. 164
267 Abhandlungen der Preußischen Akademie der Wissenschaften. Mathematisch-physikalische Klasse. Sitzungsberichte. Berlin 1913,S. 987
268 Se, S. 177
269 Ebd., S. 182
270 Fr, S. 190
271 Ebd.
272 Ebd.
273 Ebd., S. 193
274 Ebd., S. 197
275 Ebd., S. 199
276 Se, S. 82. Vgl. Albert Einstein: Die Grundlagen der Allgemeinen Relativitätstheorie. In: Annalen der Physik. Bd. XLIX. Leipzig 1916,S. 769–822
277 Vgl. Leopold Infeld. A. a.O., S. 461
278 We, S. 130
279 Vgl. Sch, S. 25f.
280 We, S. 136
281 Ebd.
282 He, S. 13
283 Ebd., S. 27
284 Ebd., S. 15f.
285 Se, S. 171
286 Albert Einstein und Arnold Sommerfeld. Briefwechsel. Sechzig Briefe aus dem goldenen Zeitalter der modernen Physik. Hg. und kommentiert von Armin Hermann. Basel, Stuttgart 1968, S. 32
287 Vgl. We, S. 127, 134f.
288 Vgl. H, S. 213f.
289 Vgl. Fr, S. 237f.
290 Se, S. 194
291 Ebd.

292 Ebd., S. 193
293 Fr, S. 238
294 Ebd.
295 Ebd.
296 Fr, S. 219
297 Brief von Margot Einstein an Johannes Wickert, 5. Sept. 1972
298 H, S. 325
299 Ebd., S. 52
300 Ebd., S. 326
301 Ebd.
302 H, S. 435
303 Ebd., S. 13
304 Vgl. ebd., S. 327
305 Vgl. Armin Hermann: Einstein und die Frauen. In: Albert Einstein/Mileva Marić. Am Sonntag küss' ich Dich mündlich. Die Liebesbriefe 1897 bis 1903. Hg. und eingeleitet von Jürgen Renn und Robert Schulmann. München, Zürich 1994
306 H, S. 322
307 Ebd., S. 328
308 Ebd., S. 12
309 Ebd., S. 351
310 Ebd., S. 355
311 Ebd.
312 Ebd., S. 337
313 Ebd., S. 328
314 Ebd.
315 Bo, S. 48
316 Ebd., S. 50
317 Hof, S. 159
318 H, S. 323
319 Ebd.
320 Ebd., S. 320
321 Ebd., S. 323
322 We, S. 104
323 Fr, S. 249
324 H, S. 242
325 Friedrich Herneck. A. a.O., S. 165
326 Vgl. Andreas Kleinert, Charlotte Schönbeck: Lenard und Einstein. Ihr Briefwechsel und ihr Verhältnis vor der Nauheimer Diskussion von 1920. In: Gesnerus. Bd. 35. 1978, S. 318f.
327 Se, S. 214
328 Fr, S. 143
329 Ebd., S. 285
330 Ebd., S. 290
331 Ebd., S. 295
332 Solo, S. 44

333 Fr, S. 314
334 We, S. 82
335 Ebd., S. 83
336 Ebd.
337 Ebd.
338 Ebd., S. 86
339 Vgl. H, S. 357f.
340 Hof, S. 280
341 Ebd., S. 302
342 H, S. 430
343 Ebd., S. 422
344 Ebd., S. 432
345 Bo, S. 178
346 Fr, S. 463
347 Hof, S. 284
348 C, S. 376
349 H, S. 265
350 Fr, S. 463
351 H, S. 420
352 Leopold Infeld: Leben mit Einstein. Wien, Frankfurt a. M., Zürich 1969, S. 53
353 Ebd., S. 81
354 Hof, S. 273
355 Vgl. H, S. 421
356 C, S. 175
357 H, S. 372
358 Ebd., S. 371
359 Ebd.
360 Se, S. 46
361 H, S. 515
362 Vgl. H, S. 493, 515
363 Ebd., S. 515
364 We, S. 22f.
365 Vgl. H, S. 518
366 Ebd., S. 529
367 H, S. 422
368 C, S. 428
369 Vgl. Hof, S. 274f.
370 H, S. 442
371 Ebd., S. 477
372 Ebd., S. 475f.
373 Se, S. 232
374 Ebd., S. 232f.
375 Ebd.
376 H, S. 487
377 He, S. 95
378 Ebd., S. 105
379 Ebd., S. 130f.
380 Ebd., S. 143
381 H, S. 473
382 按照阿明·赫尔曼的说法，对这段插入性的自传故事需要进行甄别性的解读。"在这封著名的信件中……常常可以看到爱因斯坦鼓励进行原子弹的研究。这是不对的。"他曾建议保护好比利时的铀设施，不能让德国人染指，他还建议进行大规模的研究计划，推进核能的技术利用，"以便将来某一天不会抱着焦虑忧伤的心情被德国人的行动大吃一惊"（H, S.455）。

383 我就此段文字要特别感谢科隆大学理论物理所的弗里德里希·W. 赫尔博士教授所给予的重要启发。

384 Se, S. 82f.

385 Ebd., S. 186

386 H, S. 469

387 Ebd., S. 464

388 直到去世，爱因斯坦都是多么毅然决然地探寻统一场论之路，可以从他相应的作品题目上看出来：«Zur affinen Feldtheorie » (1923), «Einheitliche Feldtheorie von Gravitation und Elektrizität » (1925), «Zu Kaluzas Theorie des Zusammenhangs von Gravitation und Elektrizität. 1. und 2. Mitteilung » (1927), «Neue Möglichkeit für eine einheitliche Feldtheorie von Gravitation und Elektrizität» (1928), «Riemann-Geometrie mit Aufrechterhaltung des Begriffs des Fernparallelismus» (1928), «Auf die Riemann-Metrik und den Fernparallelismus gegründete einheitliche Feldtheorie» (1930), «Einheitliche Theorie von Gravitation und Elektrizität» (1931, mit W.Mayer), «On a generalization of Kaluza's theory of electricity» (1938, mit P. Bergmann), «Five-dimensional representation of gravitation and electricity» (1941, mit V. Bargmann und P. Bergmann), «A Generalization of the Relativistic Theory of Gravitation I and II» (1945/1946, mit E. G. Straus), «A Generalized Theory of Gravitation» (1948), «Algebraic Properties of the Field in the Relativistic Theory of the Asymmetric Field» (1954,mit B. Kaufmann), «A New Form of the General Relativistic Field Equations» (1955,mit B. Kaufmann).

389 Walther Mayer, Peter Berg-

mann, Valentine Bargmann, Ernst Straus, Bruria Kaufmann
390 Se, S. 251
391 Solo, S. 88
392 Vgl. Sch, S. 5
393 E-Mail von Friedrich W. Hehl an Johannes Wickert, 5. Mai 2004. Vgl. die in dieser Nachricht erwähnte Arbeit von Weinberg: Steven Weinberg: Dreams of a Final Theory. New York 1994
394 Hof, S. 262
395 Ebd., S. 269
396 H, S. 490
397 Hof, S. 269
398 Ebd.
399 H, S. 471
400 Ebd., S. 426
401 C, S. 390
402 H, S. 546
403 Ebd. S. 542
404 Ebd., S. 508
405 Ebd., S. 505
406 Se, S. 288
407 He, S. 86
408 Sch, S. 37
409 Albert Einstein und Arnold Sommerfeld. Briefwechsel. A. a.O., S. 97
410 Bo, S. 212
411 We, S. 91
412 Ebd., S. 98
413 Ebd., S. 92
414 Ebd., S. 93
415 Ebd., S. 90
416 Ebd.
417 Ebd., S. 99
418 Ebd., S. 98
419 Ebd., S. 97
420 Ebd., S. 102
421 Ebd.
422 Fr, S. 21
423 We, S. 9
424 Ebd., S. 54
425 Ebd., S. 49
426 Ebd., S. 10
427 Ebd., S. 11
428 Ebd., S. 49
429 Ebd.
430 Ebd., S. 55
431 Ebd., S. 47
432 Ebd., S. 51
433 Ebd.
434 Ebd., S. 187
435 Sp, S. 154
436 Ebd., S. 159
437 Ebd.

438 We, S. 19
439 Ebd.
440 Sp, S. 161
441 Ebd., S. 148
442 Ebd., S. 149
443 Ebd., S. 163
444 Ebd., S. 182
445 Ebd., S. 153
446 Sch, S. 1
447 Ebd. S. 2
448 He, S. 39
449 Solo, S. 94
450 Sch, S. 2
451 We, S. 10
452 Sp, S. 14
453 We, S. 107
454 Vgl. ebd., S. 18
455 Solo, S. 114
456 Ebd.
457 Vgl. We, S. 18
458 Sch, S. 2
459 Vgl. Isaac Newton: Mathematische Prinzipien der Naturlehre. Darmstadt 1963, S. 508f.
460 Sp, S. 33
461 Se, S. 187
462 Albert Einstein: Gelegentliches. Berlin 1929, S. 9
463 We, S. 17
464 Vgl. Bo, S. 208f.
465 Sp, S. 27
466 Ebd., S. 122
467 Fr, S. 303
468 Vgl. Werner Heisenberg: Physik und Philosophie. Frankfurt a.M. 1959, S. 156f.
469 Bo, S. 118
470 Sp, S. 26
471 We, S. 90
472 Sp, S. 123
473 Sp, S. 24
474 Bo, S. 208
475 Sp, S. 24
476 Ebd.
477 Ebd., S. 13
478 Ebd., S. 15
479 We, S. 17
480 Johannes Kepler: Gesammelte Werke. Im Auftrag der Deutschen Forschungsgemeinschaft und der Bayerischen Akademie der Wissenschaften. Bd. I. Mysterium Cosmographicum. IV. München 1937
481 Sp*, S. 21
482 Ebd.
483 Vgl. H, S. 69f.
484 Sp*, S. 22

485 Ebd.
486 Vgl. Klaus A. Schneewind: Persönlichkeitstheorien. Bd. II. Darmstadt 1984, S. 47f.
487 Sp*, S. 22
488 We, S. 12
489 Vgl. Sp*, S. 52
490 Ebd., S. 36
491 Karl von Meyenn: Einsteins Dialog mit den Kollegen. A. a.O.,S. 465
492 Sch, S. 6
493 Sp*, S. 23
494 Vgl. Se, S. 13
495 We, S. 9
496 Ebd.
497 Sch, S. 6
498 Sp*, S. 26
499 We, S. 14
500 Sp*, S. 23
501 Ebd., S. 25
502 Ebd., S. 24f.
503 Schopenhauer-Brevier. Hg. von Raymund Schmidt. Leipzig 1938, S. 199
504 Vgl. Sch, S. 6f.
505 Sp*, S. 174
506 We, S. 20
507 Sp*, S. 15
508 Vgl. ebd., S. 52f.
509 We, S. 15
510 Gerd Binnig: Aus dem Nichts. Über die Kreativität von Natur und Mensch. München 41992, S. 290f.
511 Sp*, S. 25
512 Vgl. We, S. 138
513 Vgl. Johannes Wickert: Zum produktiven Denken bei Einstein. A. a.O., S. 443f.
514 Vgl. Sp*, S. 31
515 Solo, S. 88
516 Sp*, S. 22
517 Sch, S. 6
518 Vgl. Sp*, S. 207
519 Ebd., S. 25

参考文献

1. 文献

Seelig, Carl: Verzeichnis sämtlicher wissenschaftlicher Arbeiten. In: Carl Seelig (Hg.): Albert Einstein und die Schweiz. Zürich/Stuttgart/ Wien 1952, S. 213 f. Ferner abgedruckt in: Carl Seelig: Albert Einstein. Eine dokumentarische Biographie. Zürich/ Stuttgart/ Wien 1954, S. 263 f.

Bibliographie der Schriften Einsteins. In: Paul Arthur Schilpp (Hg.): Albert Einstein als Philosoph und Naturforscher. Stuttgart 1951, S. 513 f.

2. 作品

I. 全集

The collected papers of Albert Einstein. The Early Years: 1879-1902. Bd. 1. Hg. von John Stachel/Robert Schulmann. Princeton 1987, Princeton University Press

The collected papers of Albert Einstein. The Swiss Years:

Writings, 1900-1909. Bd. 2. Hg. von John Stachel/David C. Cassidy. Princeton 1990, Princeton University Press

The collected papers of Albert Einstein. The Swiss Years: Writings, 1909-1911. Bd. 3. Hg. von Jürgen Renn/Robert Schulmann. Princeton 1994, Princeton University Press

The collected papers of Albert Einstein. The Swiss Years: Writings, 1912-1914. Bd. 4. Hg. von Robert Schulmann/A. J. Knox. Princeton 1995, Princeton University Press

The collected papers of Albert Einstein. The Swiss Years: Correspondence, 1902-1914. Bd. 5. Hg. von Martin Klein und Robert Schulmann. Princeton 1993, Princeton University Press

The collected papers of Albert Einstein. The Berlin Years: Writings, 1914-1917. Bd. 6. Hg. von Robert Schulmann/Martin Klein. Princeton 1996, Princeton University Press

The collected papers of Albert Einstein. The Berlin Years: Writings, 1918-1921. Bd. 7. Hg. von Michel Janssen/ Robert Schulmann. Princeton 2002, Princeton University Press

The collected papers of Albert Einstein. Berlin Years: Correspondence, 1914-1917. Bd. 8, Teil A. Hg. von Robert Schulmann/ Martin Klein. Princeton 1996, Princeton University Press

The collected papers of Albert Einstein. The Berlin Years: Correspondence, 1919-1920. Bd. 8, Teil B. Hg. von Diana Kormos Buchwald/Robert Schulmann. Princeton 2004, Princeton University Press (noch nicht erschienen)

II. 单行本（部分）

Einstein, Albert/ Leopold Infeld: Evolution der Physik. Von Newton bis zur Quantentheorie. Hamburg 1956

Einstein, Albert/ Sigmund Freud: Warum Krieg? Mit einem Essay von Isaac Asimov. Zürich 1972

Über den Frieden. Weltordnung oder Weltuntergang? Hg. von Otto Nathan/ Heinz Norden. Bern 1975

The Human Side. New Glimpses from His Archives. Ausgewählt und hg.von Helen Dukas/Banesh Hoffmann. Princeton 1979

Aus meinen späten Jahren. Stuttgart 1979

Mein Weltbild. Hg. von Carl Seelig. Frankfurt a. M. 1981

Über die spezielle und allgemeine Relativitätstheorie. Braunschweig/ Wiesbaden [23] 1988

Albert Einsteins Relativitätstheorie. Die grundlegenden Arbeiten. Hg. von Karl von Meyenn. Braunschweig 1990

3. 信件

Briefe. Aus dem Nachlaß von Helen Dukas und Banesh Hoffmann. Dt. Erstausgabe. Zürich 1990. Einstein, Albert: Briefwechsel 1916–1955. Albert Einstein, Hedwig und Max Born. Kommentiert von Max Born. Geleitwort von Bertrand Russell. Vorwort von Werner Heisenberg. Frankfurt a. M. 1986

Einstein, Albert: Lettres à Maurice Solovine. Reproduites en facsimilé et traduites en français. Paris 1956

Einstein, Albert/ Michele Besso: Correspondance 1903–1955. Paris 1972

Einstein, Albert/ Mileva Maric': Am Sonntag küss' ich Dich mündlich. Die Liebesbriefe 1897–1903. Hg. und eingeleitet von Jürgen Renn und Robert Schulmann. Mit einem Essay «Einstein und die Frauen» von Armin Hermann. München/Zürich 1994

Einstein, Albert/Arnold Sommerfeld: Briefwechsel: Sechzig Briefe aus dem goldenen Zeitalter der modernen Physik. Hg. und kommentiert von Armin Hermann. Basel/ Stuttgart 1968

Einstein, Albert/ Johannes Stark: Briefwechsel und Verhältnis der beiden Nobelpreisträger. In: Armin Hermann (Hg.): Sudhoffs Archiv Bd. 50. Wiesbaden 1966, S. 267-285

Kleinert, Andreas/ Charlotte Schönbeck: Lenard und Einstein. Ihr Briefwechsel und ihr Verhältnis vor der Nauheimer Diskussion von 1920. In: Gesuerus Bd. 35 (1978), S. 318 f

Pauli, Wolfgang: Wissenschaftlicher Briefwechsel mit Bohr, Einstein, Heisenberg u. a. Bd. I: 1919-1929. Hg. von Armin Hermann. New York/ Heidelberg/ Berlin 1979

—: Wissenschaftlicher Briefwechsel mit Bohr, Einstein, Heisenberg u. a. Bd. II: 1930-1939. Hg. von Armin Hermann. New York/Heidelberg/Berlin 1985

—: Wissenschaftlicher Briefwechsel mit Bohr, Einstein, Heisenberg u. a. Bd. III: 1940-1949. Hg. von Armin Hermann. New York/Heidelberg/Berlin 1993

Przibram, Karl (Hg.): Erwin Schrödinger, Max Planck, Albert Einstein, Hendrik Antoon Lorentz. Briefe zur Wellenmechanik. Wien 1963

Sanesi, Elena: Three letters by Albert Einstein and some information on Einstein's stay at Pavia: In: Physis 18 (1976), S. 174-178

Sass, Hans-Martin: Einstein über «Wahre Kultur» und die Stellung der Geometrie im Wissenschafts-system. Ein Brief Albert Einsteins an Hans Vaihinger vom Jahr 1919. In: Zeitschrift für allgemeine Wissenschaftstheorie 10 (1979), S. 316-319

Thiele, Joachim: Briefe Albert Einsteins an Joseph Petzoldt. In: Zeitschrift für Geschichte der Naturwissenschaften, Technik und Medizin. NTM 8 (1971), S. 70-74

Treder, Hans-Jürgen: Ein Briefwechsel zwischen Albert

Einstein und Adolf Schmidt. In: Gerlands Beiträge zur Geophysik 88 (1979), S. 1-3

4. 传记和传记文章（部分）

大力推荐阿明·赫尔曼的那部杰出和最为翔实的作品：Einstein. Der Weltweise und sein Jahrhundert. Eine Biographie. München ³2004。这本书中有关于爱因斯坦最重要的引文和佐证，我们从中获得了大量的启发和文献。

Bucky, Peter A.: Der private Albert Einstein. Gespräche über Gott, die Menschen und die Bombe. Düsseldorf 1991

Clark, Ronald W.: Albert Einstein. Leben und Werk. München 1990

Dank, Milton: Einstein. London 1984

De Dijn, Rosine: Albert Einstein und Elisabeth von Belgien. Eine Freundschaft in bewegter Zeit. Regensburg 2016

Fölsing, Albrecht: Albert Einstein. Frankfurt a. M. 1993

Frank, Philipp: Einstein. Sein Leben und seine Zeit. Wiesbaden/Braunschweig ²1979

Herneck, Friedrich: Einstein privat. Herta W. erinnert sich an die Jahre 1927 bis 1933. Berlin 1978

Highfield, Roger/ Paul Carter: Die geheimen Leben des Albert Einstein. Berlin 1994

Hoffmann, Banesh: Albert Einstein. Schöpfer und Rebell. Stuttgart 1976

Jost, Res: Einstein und Zürich, Zürich und Einstein. In: Vierteljahreszeitschrift der naturforschenden Gesellschaft in Zürich 124 (1979), S. 7-23

Kirsten, Christa: Albert Einstein in Berlin. Teil I: Darstellung und Dokumente. Studien zur Geschichte der Akademie der Wissenschaften der DDR. Bd. 6. Berlin 1979

—: Albert Einstein in Berlin. Teil II: Spezialinventar. Studien zur Geschichte der Akademie der Wissenschaften der DDR. Bd. 7. Berlin 1979

Neffe, Jürgen: Einstein. Eine Biographie. Reinbek bei Hamburg 2005

Pais, Abraham: «Raffiniert ist der Herrgott...» Albert Einstein. Eine wissenschaftliche Biographie. Braunschweig/Wiesbaden 1986

Pyenson, Lewis: The young Einstein. Bristol 1985

Sechzig, Carl: Albert Einstein. Leben und Werk eines Genies unserer Zeit. Zürich 1960

Trbuhovic'-Gjuric', Desanka: Im Schatten Albert Einsteins. Das tragische Leben der Mileva Einstein Maric' . Bern/ Stuttgart [4]1988

Vallentin, Antonina: Das Drama Albert Einsteins. Eine Biographie. Stuttgart 1955

5. 二手文献（部分）

Aichelburg, Peter C. / Roman U. Sexl（Hg.）: Albert Einstein. Sein Einfluß auf Physik, Philosophie und Politik. Braunschweig/ Wiesbaden 1979

Angel, Roger B.: Relativity. The theory and its philosophy. Oxford/ New York/ Toronto/ Sydney/ Paris / Frankfurt a. M. 1980

Bauer, Wolfram（Hg.）: 75 Jahre Quantentheorie. Festband zum 5. Jahrestag der Entdeckung der Planckschen Energiequanten. Berlin 1977

Bernstein, Jeremy: Albert Einstein. München 1975

Biezunski, Michel: Einstein à Paris. In: La Recherche Bd. 13

(1982), S. 502-510

Blaser, Jean-Pierre: Die experimentelle Bestätigung der speziellen Relativitätstheorie. In: Vierteljahreszeitschrift der naturforschenden Gesellschaft in Zürich 124 (1979), S. 45-57

Bohr, Niels: Das Quantenpostulat und die neuere Entwicklung der Atomistik. In: Die Naturwissenschaften 16 (1928), S. 245-270

Born, Max: Physik im Wandel meiner Zeit. Braunschweig [4] 1966

—: Die Relativitätstheorie Einsteins. Unter Mitarbeit von Walter Biem. Berlin/Heidelberg/New York/Tokio [5] 1984

Buchheim, Wolfgang: Albert Einstein als Wegbereiter nachklassischer Physik (Sitzungsberichte der Sächsischen Akademie der Wissenschaften zu Leipzig, Mathematisch-Naturwissenschaftl. Klasse, Bd. 115/4). Berlin 1981

Cassirer, Ernst: Zur modernen Physik. Darmstadt [5] 1980

Dirac, Paul Audrien Maurice: The large numbers hypothesis and the Einstein theory of gravitation. In: Proceedings of the Royal Society Bd. 365 (1979), S. 19-30

Dürrenmatt, Friedrich: Albert Einstein. In: Vierteljahreszeitschrift der naturforschenden Gesellschaft in Zürich 124 (1979), S. 58-73

Elkana, Yehuda/Adi Ophir: Einstein. 1879-1979. Ausstellung, Jüdische National-und Universitätsbibliothek. Jerusalem 1979

Feynman, Richard P.: Sie belieben wohl zu scherzen, Mr. Feynman! Abenteuer eines neugierigen Physikers. München/ Zürich 1987

Flückiger, Max: Albert Einstein in Bern. Das Ringen um ein neues Weltbild. Eine dokumentarische Darstellung über den Aufstieg eines Genies. Bern 1974

French, Anthony P. (Hg.): Albert Einstein. Wirkung und Auswirkung. Wiesbaden 1990

Fritzsch, Harald: Eine Formel verändert die Welt. Newton, Einstein und die Relativitätstheorie. München 1988

Generalverwaltung der Max-Planck-Gesellschaft München (Hg.): Feier der 100. Geburtstage von Albert Einstein, Otto Hahn, Lise Meitner, Max von Laue. Stuttgart 1979

Goldsmith, Maurice (Hg.): Einstein. The first hundred years. Oxford/ New York/ Toronto/ Sydney/ Paris / Frankfurt a. M. 1980

Greither, Aloys: Die Freundschaft Die Freundschaft Albert Einsteins mit dem Maler Joseph Scharl. In: Ciba Symposium Bd. 16 (1968), S. 57-68

Grüning, Michael: Ein Haus für Albert Einstein. Erinnerungen-Briefe-Dokumente. Berlin 1990

Hehl, W. Friedrich/ Christian Heinicke: Über die Riemann-Einstein-Struktur der Raumzeit und ihre möglichen Gültigkeitsgrenzen. In: Philosophica naturalis Bd. 37 (2000), S. 317-350

Heisenberg, Werner: Tradition in der Wissenschaft. Reden und Aufsätze. München 1977

—: Physik und Philosophie. Stuttgart ^{3} 1978

—: Quantentheorie und Philosophie. Vorlesungen und Aufsätze. Stuttgart 1979

Hentschel, Klaus: Der Einstein-Turm. Heidelberg 1992

Hermann, Armin: 1879-der gute Physiker-Jahrgang. Zur Hundertjahrfeier für Einstein, Hahn, Meitner und v. Laue. In: Die Umschau in Wissenschaft und Technik 79 (1979), S. 4-6

—/ Rolf Schumacher (Hg.): Das Ende des Atomzeitalters? Eine sachlich-kritische Dokumentation. München 1987

Herneck, Friedrich: Einsteins Freundschaft mit Ärzten. In

Zeitschrift für Geschichte der Naturwissenschaf-ten, Technik und Medizin 8（1971）, S. 24-34

—: Die Einstein-Dokumente im Archiv der Humboldt-Universität zu Berlin. In: Zeitschrift für Geschichte der Naturwissenschaften, Technik und Medizin 10（1973）, S. 32-38

—: Albert Einstein und das politische Schicksal seines Sommerhauses in Caputh bei Potsdam（mit Erst-veröffentlichung von 4 Einstein-Briefen）. In: Zeitschrift für Geschichte der Naturwissenschaften, Technik und Medizin 11（1974）, S. 32-39

—: Einstein und sein Weltbild. Aufsätze und Vorträge. Berlin 1976

—: Albert Einstein. Leipzig ^{7}1986 Hoffmann, Banesh: Einsteins Ideen. Das Relativitätsprinzip und seine historischen Wurzeln. Heidelberg 1993

Holton, Gerald: Thematische Analyse der Wissenschaft. Die Physik Einsteins und seine Zeit. Frankfurt a. M. 1981

—/ Yehuda Elkana: Albert Einstein. Historical and Cultural Perspectives. The Centennial Symposium in Jerusalem. Princeton 1982

Infeld, Leopold: Leben mit Einstein. Wien 1969

Jammer, Max: Das Problem des Raumes. Die Entwicklung der Raumtheorien. Darmstadt ^{2}1980

—: Einstein und die Religion. Mit einem Brief von Carl Friedrich von Weizsäcker. Konstanz 1994

Kanitschneider, Bernulf: Das Weltbild Albert Einsteins. München 1990

Kleinert, Andreas: Paul Weyland, der Einstein-Töter. In: Naturwis-senschaft und Technik in der Geschichte. Hg. von Helmuth Albrecht. Stuttgart 1993, S. 198-232

Kuhn, Thomas: The Structure of Scientific Revolution. Chicago ^{2}1970

Kuznecov, Boris: Einstein and Epicurus. In: Diogenes Bd. 81 (1973), S. 44-69

—: Einstein und Mozart. In: Ideen des exakten Wissens Nr. 12 (1972), S. 783-788

Landau, Lev D.: Was ist Relativität? Ein Weg zu Einsteins Theorie. Weinheim ^{5} 1985

Laue, Max von: Gesammelte Schriften und Vorträge. Braunschweig 1961

Michelmore, Peter: Albert Einstein. Genie des Jahrhunderts. Hannover 1968

Miller, Arthur I.: Albert Einstein and Max Wertheimer. A Gestalt psychologist's view of the genesis of special relativity theory. In: History of science 13 (1975), S. 75-103

Mittelstaedt, Peter: Über das Einstein-Podolsky-Rosen-Paradoxon. In: Zeitschrift für Naturforschung 29 (1974), S. 539-548

—: Der Zeitbegriff in der Physik. Physikalische und philosophische Untersuchung zum Zeitbegriff in der klassischen und relativistischen Physik. Mannheim/ Wien/ Zürich 1980

—: Philosophische Probleme der modernen Physik. Mannheim/ Wien/ Zürich ^{6} 1981

Moszkowski, Alexander: Einstein. Einblicke in seine Gedankenwelt. Hamburg/ Berlin 1920

Navon, Jitzak: On Einstein and the Israel Presidency. In: Gerald Holton/ Yehuda Elkana: Albert Einstein. Historical and Cultural Perspectives: The Centennial Symposium in Jerusalem. Princeton 1982

Nelkowski, Horst u. a. (Hg.): Einstein-Symposion Berlin aus Anlaß der 100. Wiederkehr seines Geburtstages: 25.-30. März 1979. Lecture notes in physics. Vol. 100. Berlin/ Heidelberg/ New York 1979

Paul, Iain: Science, Theology and Einstein. Belfast 1982

Pauli, Wolfgang: Opening Talk. In: Fünfzig Jahre Relativitätstheorie. Helvetica Physica Acta. Suppl. IV . Basel 1956

Pflug, Günter: Albert Einstein als Publizist 1919-1933. Frankfurt a. M. 1981

Planck, Max: Vorträge und Erinnerungen. Darmstadt [7]1969

Plesch, János: János. Ein Arzt erzählt sein Leben. München 1949

Popper, Karl R.: Ausgangspunkte. Meine intellektuelle Entwicklung. Zürich 1981

Prigogine, Ilya / Isabelle Stengers: Dialog mit der Natur. Neue Wege naturwissenschaftlichen Denkens. München/ Zürich 1980

Reich, Kersten: Konstruktivistische Didaktik. Lehren und Lernen aus interaktionistischer Sicht. Neuwied 2002

Reichenbach, Hans: Die philosophische Bedeutung der Relativitätstheorie. Braunschweig/ Wiesbaden 1979

Rhodes, Richard: Die Atombombe oder die Geschichte des 8. Schöpfungstages. Nördlingen 1988

Russell, Bertrand: Das ABC der Relativitätstheorie. Neu hg. von Felix Pirani. Reinbek 1972

Sayen, Jamie: Einstein in America. The Scientist's Conscience in the Age of Hitler and Hiroshima. New York 1985

Schilpp, Paul Arthur (Hg.): Albert Einstein als Philosoph und Naturforscher. Braunschweig/ Wiesbaden 1979

—: Albert Einstein-Größe eines Menschen und Denkers. In: Universitas 28 (1973), S. 433-442

Schlicker, Wolfgang: Albert Einstein. Physiker und Humanist. Berlin 1981

Schmutzer, Ernst: Relativitätstheorieaktuell. Ein Beitrag zur Einheit der Physik. Leipzig [2]1981

Schröder, Ulrich E.: Spezielle Relativitätstheorie. Thun/ Frankfurt a. M. ²1987

Schwarz, Richard Alan: The F. B. I. and Dr. Einstein. In: The Nation Bd. 237 (1983), S. 168-173

Seelig, Carl (Hg.): Helle Zeit-Dunkle Zeit. In memoriam Albert Einstein. Nachdr. d. Ausg. Zürich 1956. Mit einleitenden Bemerkungen zur Neuausgabe von Karl von Meyenn. Braunschweig/ Wiesbaden 1986

—: Albert Einstein. Leben und Werk eines Genies unserer Zeit. Zürich 1960

Sexl, Roman U.: Die experimentelle Prüfung der allgemeinen Relativitätstheorie. In: Physikertagung. Hauptvorträge der Jahrestagung des Verbandes Deutscher Physik. Gesellschaften 34 (1969), S. 471-489

—: Neue Ergebnisse der Relativitätstheorie. Raum-Zeit-Materie. In: Physikalische Blätter 35 (1979), S. 141-149

—: Relativitätstheorie als didaktische Herausforderung. In: Die Naturwissenschaften 67 (1980), S. 209-215

—/ Herbert Kurt Schmidt: Raum-Zeit-Relativität. Braunschweig/ Wiesbaden ²1981

—/ Helmuth K. Urbantke: Gravitation und Kosmologie. Eine Einführung in die allgemeine Relativitätstheorie. Mannheim/ Wien/ Zürich 1975

—: Relativität, Gruppen, Teilchen. Spezielle Relativitätstheorie als Grundlage der Feld-und Teilchenphysik. Wien/ New York ²1982

Spanner, Günter: Das Geheimnis der Gravitationswellen. Einsteins Vision wird Wirklichkeit. Stuttgart 2018

Stiller, Niklas: Albert Einstein. Hamburg 1981

Strohmeyer, Ingeborg: Transzendentalphilosophische und

physikalische Raum-Zeit-Lehre. Eine Untersuchung zu Kants Begründung des Erfahrenswissens mit Berücksichtigung der speziellen Relativitätstheorie. Mannheim/ Wien/ Zürich 1980

Sugimoto, Kenji: Albert Einstein. Die kommentierte Bilddokumentation. Gräfelfing 1987

Theimer, Walter: Die Relativitätstheorie. Lehre, Wirkung, Kritik. Bern/ München 1977

Treder, Hans-Jürgen (Hg.): Einstein-Centenarium. Ansprachen und Vorträge auf der Festveranst. des Einstein-Komitees der DDR bei der Akademie der Wissenschaften der DDR vom 28.2. bis 2. 3.1979 in Berlin. Berlin 1979

UNESCO (Hg.): Science and synthesis. An International Colloquium organized on the 10. Anniversary of the Death of Albert Einstein and Teilhard de Chardin. Berlin/ Heidelberg/ New York 1971

Wheeler, John Archibald: Einstein und was er wollte. In: Physikalische Blätter 35 (1979), S. 385-397

Wickert, Johannes: Isaac Newton. Reinbek 1995

-: Zum produktiven Denken Einsteins. Ein Beitrag zur Erkenntnis-psychologie. In: Horst Nelkowski (Hg.): Einstein-Symposion Berlin aus Anlaß der 100. Wiederkehr seines Geburtstages. Lecture notes in physics. Vol. 100. Berlin 1979, S. 443-463

图片来源

akg-images, Berlin: Umschlagvorderseite, 11, 19, 21, 43 (Florenz, Biblioteca Marucelliana), 82, 101 (Privatbesitz; © VG Bild-Kunst, Bonn 2004), 104, 117, 128, 129, Umschlagrückseite (2)

ullstein bild, Berlin: 3, 9, 54, 67, 109

Photograph by Yousuf Karsh, Camera Press London: 7

The Albert Einstein Archives, The Jewish National & University Library, Jerusalem, Israel: 8 (2), 111, 175 (3)

Fotos: Rowohlt Archiv: 15, 30, 39, 72/73

Schweizerische Literaturarchiv/SLA, Bern: 25

Privatbesitz: 33 (mit freundlicher Genehmigung von Susanne Fiegel, Velden)

Aus: Albert Einstein. Briefe an Maurice Solovine. Paris 1956: 47

akg-images/ Erich Lessing: 52 (Cambridge, Trinity College), 57, 116, 144 (Wolfenbüttel, Herzog August Bibliothek)

Aus: Albert Einstein/ Leopold Infeld: Die Evolution der Physik. Wien 1950: 59, 60

Aus: Carl Seelig: Albert Einstein und die Schweiz. Zürich-Stuttgart-Wien 1952: 62, 95

Staatsarchiv des Kantons Bern: 75（T. A. Bern Universität 2）

Archiv der Berlin-Brandenburgischen Akademie der Wissenschaften, Fotosammlung: 87（Nr.2）, 114

Bildarchiv Preußischer Kulturbesitz, Berlin: 88/89

dpa Picture-Alliance, Frankfurt a. M.: 112, 134, 140, 158/159

akg-images/AP: 121

akg-images/ IMS: 148

United Press International, Washing, D.C.: 154

尽管进行了仔细的调查研究，但并非所有的权利人都能联系上。出版商愿以通行方式解决合理的诉求。

作者简介

约翰内斯·维克特（Johannes Wickert）先后在斯图加特、纽伦堡和佛罗伦萨的大学学习过自由绘画，然后在法兰克福、弗莱堡和巴塞尔学习心理学和物理学。他在巴塞尔写了关于爱因斯坦的博士论文。在图宾根完成心理学专业的大学授课论文之后，他去往科隆大学担任教授。维克特目前作为画家生活和工作在科隆和比利时的埃尔森博恩。直到今天，他仍从科学角度研究爱因斯坦的作品。在罗沃尔特出版社系列专题论著中，他出版了《阿尔伯特·爱因斯坦》（1972年，2005年修订版）和《伊萨克·牛顿》（1995年）。

译后记

如果说歌德名言"说不尽的莎士比亚"早已是超越文学和艺术界的共识,那么近一个世纪以来,"爱因斯坦"也早已成为了超越国界、超越民族、超越科学及相关学科,注定在人类历史上留下永恒光辉的名字,关于他的故事、传记、评论等等不可胜数,"说不尽的爱因斯坦"这种说法毫不夸张。"一千个人的眼中有一千个哈姆雷特",同样,一千个人的眼中也会有一千个爱因斯坦——他既是大科学家,又是社会异类;他既是自由斗士,又是自私渣男;他既胸怀宇宙,又投身俗世;他既被人爱,又被人恨。

在德语中，Einstein 这个"近乎神奇"的名字可以被游戏式地拆分为 ein Stein 两个词，意思是"一块石头"（one stone），"很容易让人记住，也很容易发音"。在 2023 年的山城炎夏，这一块小小的石头成了我案头上的"一座大山"——乍看上去，维克特所著的这一本薄薄的小书似乎有些"不够分量"，也没有面面俱到地写尽这位大人物的生平种种。但是真正着手翻译，我才发现其深度和难度超出了自己最初的设想：狭义相对论、广义相对论、时间、空间、坐标、原子、量子、引力场、力学、数学……作为一名文科出身的译者，要翻越这座大山着实令人气喘吁吁、举步维艰，让我算是在另外一个层次上理解了爱因斯坦后来对自己早年忽视数学学习的那种后悔。不过，即使是文科领域的哲学、宗教、社会学、政治学等方面，要想准确而生动地传达原文精妙之处也绝非易事，多处令人颇费踌躇。所幸国内已经翻译引进了多部欧美国家不同作者所写的爱因斯坦传记，各有千秋，让我得以翻阅借鉴，更是从不同侧面加深了对这位大科学家的了解。另外，我要特别感谢中国科学院自然科学史研究所方在庆研究员，作为国内最权威的爱因斯坦研究专家，他所著译出版的十余种与爱因斯坦有关的作品不仅为我答疑解惑，而且他还应邀来到我所在的四川外国语大学，为我校师生做了一场题为《爱因斯坦：神话与挑战》的专题报告，让包括我在内的听众深受启发。爱因斯坦这"一块石头"不仅成了"他山之玉"，还化身为一座我所期望架设在"外语专业"与"科技人文"领域之间的坚固桥梁，激发了社会大众对于科学精神的探究热情，这也是我对自己翻译工作价值的最大期待。

在我看来，虽然这是一本关于科学家的人物评传，涉及的内容非常繁杂，但贯穿于本书的一条思想红线其实是"教育"——青少年时代的爱因斯坦在学校中经历过被歧视和打压，也在家庭和朋友中得到过包容与温暖，要不是格罗斯曼等朋友帮忙，他几乎很难毕业，也无法得到一份条件优渥的工作。在他自己成为教师和大学教授以后，他的教育思想和教学研究方式也是独树一帜，与众不同，也才可能由此而产生"不朽的奥林匹亚科学院",诞生包括相对论在内的一系列人类思想精神之花。爱因斯坦鼓励的是保持住"神圣的好奇心",倡导创造性思维,关注个体,反对压制。小时候的爱因斯坦这"一块石头"似乎并非"璞玉浑金",成名后的他也不是"白璧无瑕"。究竟是什么让这样一块棱角分明,内核坚硬的"石头"最终成为我们全人类为之骄傲的爱因斯坦的呢?我个人认为,答案其实就在本书之中,而最后一章"新型文化"才是全书题眼。当然,每个读者都应该对这个世界有自己的思考和结论。爱因斯坦说自己一生都在努力把一个想法穷尽到底,却一次都没有实现过。那我们呢?

自然界中找不到两块完全相同的石头,你这"一块石头"与我这"一块石头"更是无须相同,希望我们都能保持住自己的特性,又都能牢牢地黏合搭建在一起,共同筑起多样而美丽的人类社会大厦。

廖　峻

2023 年 11 月于歌乐山